生き抜くための恋愛相談

恋バナ収集ユニット
桃山商事

イースト・プレス

生き抜くための恋愛相談

はじめに　ズバッと言わない恋愛相談

タイトルにもある通り、これは「恋愛相談」の本です。しかし、寄せられたお悩みにズバッと回答していくような本ではありません。むしろ真逆です。ひとつひとつの相談文をできる限り丹念に読み込み、相談者さんが何にどう悩んでいるのかという〝現在地〟をクリアにしたうえで、それぞれに合った解決策を提案していきます。だからどの回答もかなりの長文です。こんなに回答文が長い恋愛相談の本は他にあまりないかもしれません。

我々「桃山商事」は〝恋バナ〟を収集するユニットです。メンバーは本書の著者である清田隆之と森田雄飛に加え、緩やかに所属する数名のサブメンバー（全員男性）で構成されています。我々が主に行っているのは、恋愛の悩みを抱えた女性の相談に応じる「失恋ホスト」と、そこで見聞きしたことをコラムやラジオで紹介する活動です。

２００１年の結成以来、これまで16年間で１０００人を超える人の恋バナに耳を傾けてきました。結婚を約束した彼氏が突然音信不通になってしまったアラサーの会社員、ネット婚活に疲れ切った40代の公務員、サークルの先輩とのセフレ関係から抜け出せずに悩む大学生、さらには夫のモラハラに苦しむ専業主婦など……。失恋ホストには、高校生から50代まで、年齢も職業も様々な女性がそれぞれの事情を抱えてやって来ます。彼女たちの悩みと向き合う中で行き着いたのが、「ズバッと言わない」相談スタイルです。

本書は、ウェブメディア「日経ウーマンオンライン」で4年にわたって連載してきた恋愛相談の中から19本を選りすぐり、大幅に加筆修正してまとめ直したものです。取り上げた相談はどれも読者から寄せられたお悩みです。

出会いがない、デート相手にピンと来ない、男のことがわからない、元カレが忘れられない、不倫に走るかもしれない——。こういった相談から見えてくるのは、結婚への焦りを感じながら仕事に打ち込む女性たちの悩める姿です。さらにその背後には、見えない将来、孤独への恐怖、周囲からの同調圧力など、様々な不安要素が見え隠れしており、恋愛の悩みをいっそう切実にしている印象です。

それらに真正面から向き合った本書には、ズバッとした回答はありませんが、読めば悩みの構造がわかり、必ずやスッキリして前向きな気持ちになってもらえるはずです。

我々はこの本で、最初から最後まで恋愛のことしか語っていません。しかしそこで提示した解決策は、結果として恋愛だけでなく、これからの人生を生き抜くための道具としても役立つものになっていると自負しています。

桃山商事　清田隆之　森田雄飛

contents

第2章 本当にこの人でいいのかな？

第3章 男ってなんなの？

第4章 好きな人すら見つからない

第１章

なんで私じゃダメなの？

こんなアナタに…

好きな人が振り向いてくれない
セフレ関係から抜け出せない
曖昧な態度の男子にモヤモヤ
いいなと思ったのに音信不通
デートに誘ってもはぐらかされる

付き合う前にセックスの誘い…「友だち↓セフレ」は昇格？　降格？

お悩み

片想い中の彼に迫られています

失恋の愚痴を聞いてもらったのをきっかけに、男友だちを意識するようになってしまいました。彼に本当に救われたので、あるときうっかり「惚れた。彼氏になって」と言ってしまい、「セフレからならいいよ（笑）」と冗談で返されました。

ですが最近、本当にセックスをするつもりのような言動が増えてきたんです……。

でも、彼は常々「元カノのことが忘れられない」とも言っています。

このまま本気で好きになって傷つくのもイヤなので、割り切ってセックスありの友だちになったほうがいいか、キッパリ断ったほうがいいか悩んでいます。

強く誘われたら断る自信は……ありません！


（30歳・美樹）

「割り切る」とはどういうことか？

美樹さんの中には「割り切れるならセフレになる／割り切れないならキッパリ断る」という2択意識が存在しているようです。ここで言う「割り切る」とは、「好きという気持ちに蓋をする（＝恋人になることを諦める）」になるかと思いますが、よく考えるとこれは矛盾を孕《はら》んだ葛藤です。というのも、美樹さんは彼のことが好きだからこそ「セフレになるべきか」と悩んでいるわけです。彼に対する気持ちに蓋をできるならば、そもそもセフレになる必要はありません。だとすると、割り切れても割り切れなくても答えは「セックスしない」となり、本来なら葛藤は生じないはずです。

矛盾を孕んだ葛藤

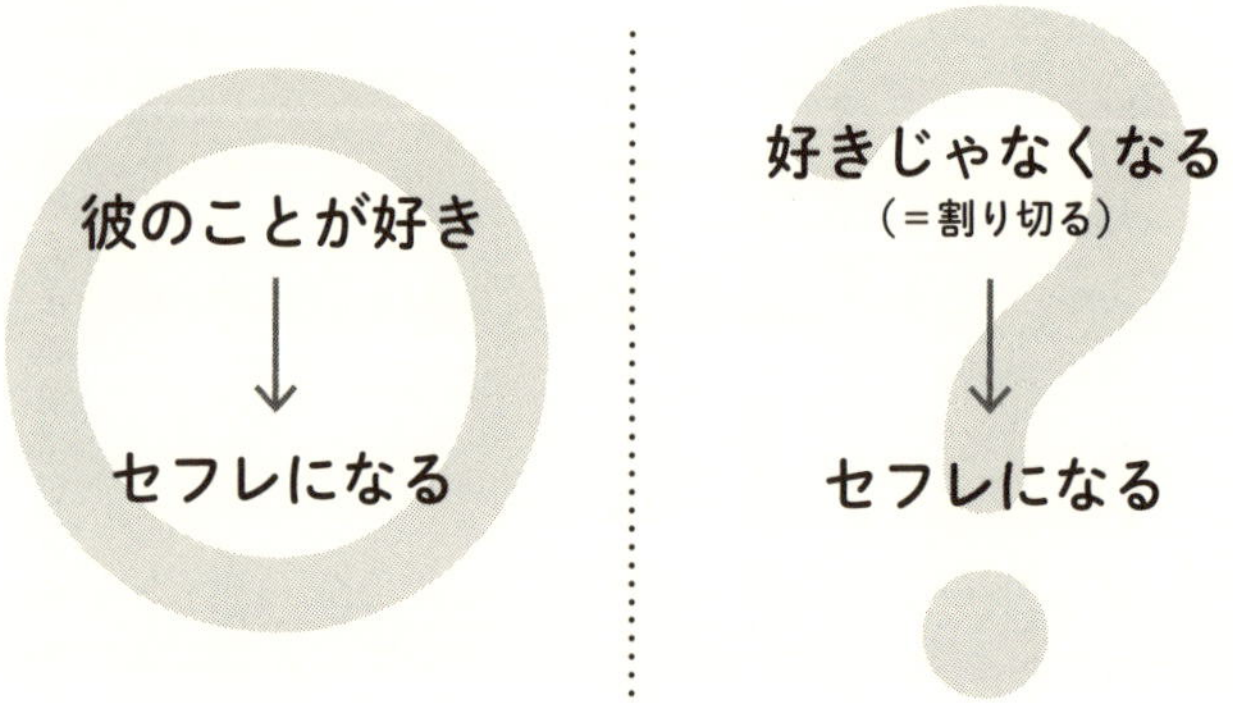

しかし、現実問題として美樹さんは葛藤を抱えている。それはおそらく、「彼とセックスすれば『付き合う』ことに近づくかもしれない」という思いがあるからです。では、彼とセックスすることははたして恋人関係に近づく行為なのでしょうか。

彼が提示しているイメージとは

現在の状況を、今度は彼の言葉から整理してみます。彼は〈惚れた。彼氏になって〉という告白を受けているわけで、美樹さんの目的が付き合うことであるのはすでに承知しているはずです。そのうえで、〈セフレからならいいよ（笑）〉と言っている。これはどういうことかというと、

彼が提示しているイメージ

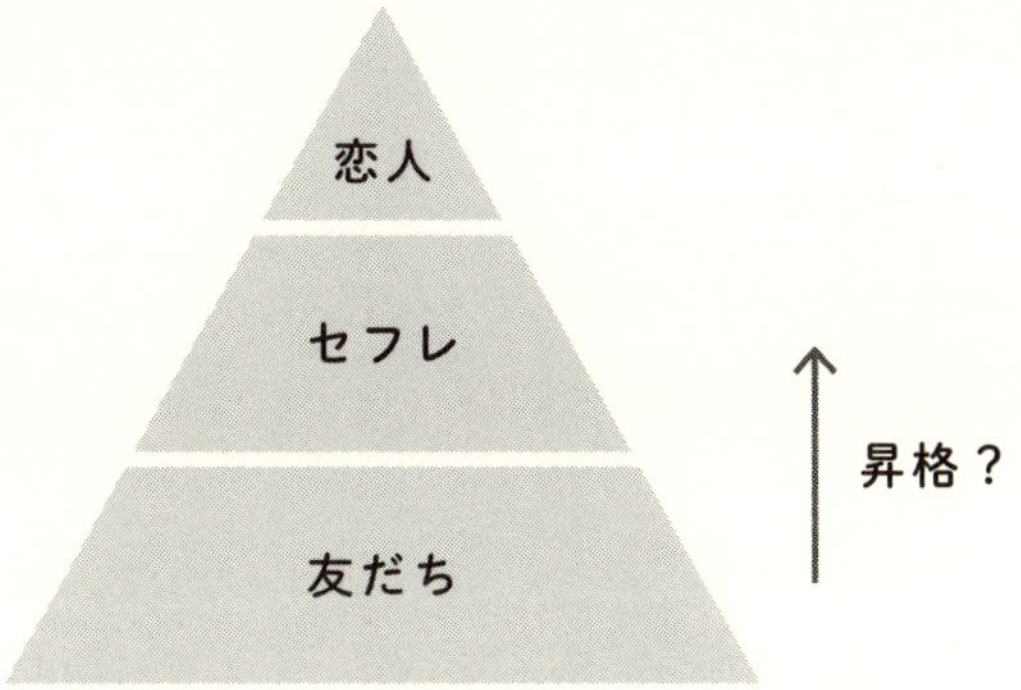

「から」という言葉が示すように、彼は言外で上の図のようなイメージを提示しているわけです。

つまり、友だちからセフレ、セフレから恋人へという〝昇格〟を匂わせている。美樹さんの葛藤は、おそらくここから生じています。

しかし、これは本当に昇格なのでしょうか。美樹さんもどこかで感じていると思いますが、かなり怪しい。

彼にとって美樹さんは、これまで失恋の愚痴にも付き合えるような純然たる友だちでした。言わばこれは「セックスなしでも会う友だち」です。しかし、いったんセフレ関係になると、今度は「セックスすること」が会う目的になってしまう可能性があります。裏を返せば「セックスなしなら会わない友だち」ということにな

美樹さんにとっては……

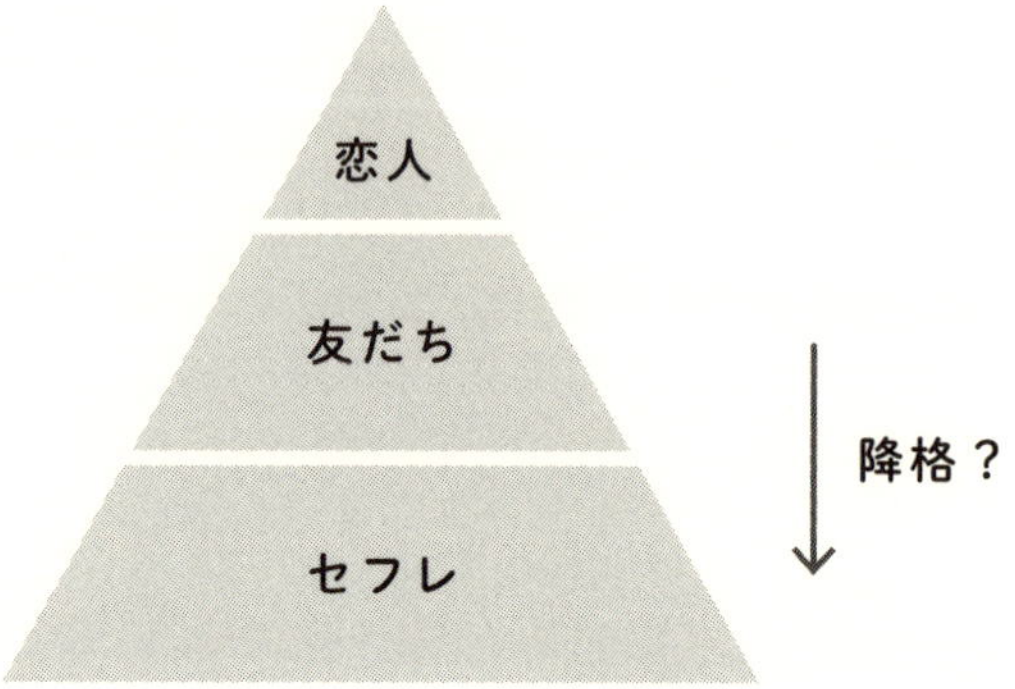

り、これは恋人関係を目指す美樹さんにとって昇格どころかむしろ〝降格〟と言える状況でしょう。

このように考えていくと、彼の言う〈セフレ〉と、美樹さんのイメージする〈セックスありの友だち〉は似て非なるものだということが見えてきます。それゆえ、今のまま彼とセックスをしても、美樹さんの望む恋人関係には近づいていかないだろうというのが我々の考えです。

しかし、これは結論ではありません。ここまではふたりの現状を整理しただけに過ぎず、「だから美樹さんは彼と付き合えない」という話では決してない。大切なのは、この状況を踏まえたうえでどのような決断を下していくかということです。

自分のスタンスを明確に伝えるしかない

ここまで見てきたように、「セフレをやりつつ恋人に昇格するチャンスを待つ」というのは非現実的な道です。では、どうすればいいか。我々が推奨したいのは、「自分のスタンスを明確に伝える」というアクションです。

美樹さんの中には、彼とセックスしたい気持ちは存在しているように思われます。しかしそれは、あくまで「恋人としてしたい」というものでしょう。だとすると、「私はあなたのことが好きなので、あなたとセックスしたい気持ちはある。ただし、するなら恋人としてしたい。あなたに恋人関係になる気がないなら残念だけどセックスはできない」とハッキリ伝えるしかないと思うわけです。

ただし、これは何もイチかバチかの賭けに出ろという話ではありません。むしろ、こうすることで付き合える可能性は上がるはずです。

なぜかというと、彼は基本的に「セックスがしたい」からです。現在の彼のスタンスは、「セックスはしたい。もちろん友だち関係もそのまま。付き合うかどうかに関してはセフレになってから考えよう」というもの。要するにまずはセックスという目的「だけ」を叶えようとしているわけです。

彼と美樹さんの思惑

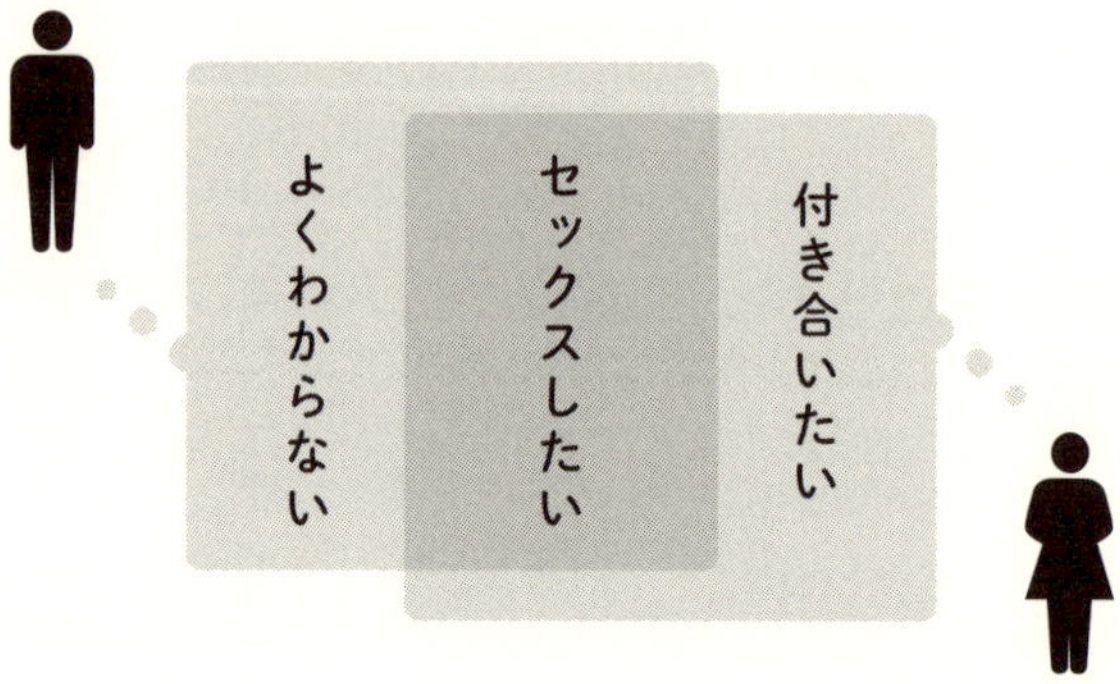

ここで我々が提案しているアクションは、決して彼の目的を否定するものではありません。そこに「するなら恋人としてしましょう」という条件が乗っかっているだけです。彼と美樹さんの思惑は、とりあえず半分は合致していると言えます。

では、曖昧なままになっている彼のもう半分の思惑とはなんでしょうか。ここで気になるのが〈元カノのことが忘れられない〉という彼の言葉です。

相談文に書いてあるのはこれだけで、発言の真意に関しては読み取れません。もしかしたら「だから付き合うことはできないよ」という牽制かもしれないし、美樹さんが彼に聞いてもらっていたのと同じような「失恋の愚痴」かもしれません。美樹さんがあれこれ憶測してしまうのも無理はないのですが、どれだけそれを重ねても答えがわからないことには変わりありません。

そのようにわからないことに拘泥《こうでい》し続けるよりも、わかることに焦点を当てていくほうが建設的です。今の段階でわかることは、彼の中に「付き合いたくない」という積極的な意志が存在しているわけではないということです。おそらく、単に「まだよくわからない」というのが実態だと思います。

彼は「セックスしたいけど、付き合うかどうかに関してはまだよくわからない」と思っている……。それゆえ、美樹さんがスタンスをハッキリ示すことは、彼が付き合うことに関してはじめてちゃんと考える契機になり得ると思うわけです。

覚悟を決めてセフレになるという道も……

もっとも、ハッキリ伝えたからと言って、必ずしもこの恋愛が成就するというわけではありません。悲しいことですが、フラれる可能性だってあることは想定しておくべきだと思います。

さらに、彼から「恋人になる気はない。でもセックスはしたい」という、極めて都合のいいことを言われる可能性もあります。その場合は、どうすればいいのか。

もちろん、少しでも乗り気がしないなら断ればいいと思うのですが、割り切って「セフレになる」という道を選ぶのもアリだと思います。恋心とは別に、彼の肉体が好きとか、セックスの快楽を別腹として味わいたいとか、そういう欲望が出てきても、おかしなことではありません。それはそれで否定できないものだと思います。ただし、それは「セックスのある友だち」ではなく「セックスを目的とした友だち」なので、もしもセフレになるなら、付き合うことはキッパリ諦めるくらいの覚悟が求められます。そこまで思えないならセフレになる道はオススメできません。

美樹さんは彼が好きなわけで、もしも付き合えなかった場合は、セフレになろうがなるまいが、現状からすればさみしい結末に変わりないでしょう。しかし、それは「不毛な結末」ではありません。美樹さんは自分のスタンスをハッキリ明示することによって、「主体的に決断し、動く」というカードを手にすることになるからです。このカードを手にすることで、受け身になってズルズル引き込まれていくということはなくなるはずです。

とにかく一番つらいのは、なんとなくセフレになってしまい、「いつになったら付き合ってくれるのだろうか……」と気にしつつ関係を続け、しまいには元カノとの思い出や新しい恋の話など聞かされたくない話を聞かされて、「私はセフレだから口を出す権利もないし……」などと鬱々として心を蝕《むしば》まれていってしまうことです。

主体的に決断して動くことができるようになれば、そういった事態に陥ることはありません。また、次に他の誰かと同じような状況になっても、ちゃんと対峙できるはずです。それは、とても大きなカードだと思います。

彼は正直しょーもないことを言っていると思いますが、どんなにしょーもなくても、彼の気持ちをコントロールすることはできません。美樹さんが決めることができるのは、「自分がどうするか」ということだけです。ぜひ流されることなく自分の気持ちに向き合ってみてください。

誘っても曖昧な態度の彼…これって脈あり？ 脈なし？

お悩み

片想い中の彼からＬＩＮＥの返事が来ません

英会話のサークルで知り合った男性に片想い中です。どうでもいい内容のＬＩＮＥにはリアクションがあるのに、「飲みに行こう」など具体的な約束をしようとすると返事が来なくなってしまいます……。

でも、サークルで会うと「返事してなくてごめんね〜。またいつでも誘ってよ！」

と言われます。そしてまた具体的な約束をしようとすると返事が来ない……いつまでもこの繰り返しです。

彼はどういうつもりなんでしょうか。「またいつでも誘ってよ！」と言う姿が超・天真爛漫すぎて、社交辞令には見えないんですよ！

共通の友だちもいないし、誘いに乗ってもらえないと距離の縮めようがありません。アドバイスをお願いします。

（28歳・美里）

「わからないこと」から「わかること」へ

どうでもいい内容のＬＩＮＥはできるけど、飲みにいく約束を取りつけることができない。避けられているのかと思いきや、実際に会うと「また誘って」と愛想よく言ってくる……。

片想いをしている男性からこのような態度を取られ、脈があるのかないのか判断がつかず、期待と不安が入り混じった気持ちでモヤモヤしているというのが美里さんの現在地です。こんな宙ぶらりんな状態では、あれこれ思い悩んでしまうのも仕方ありません。悩ましいのは

宙ぶらりんな状態

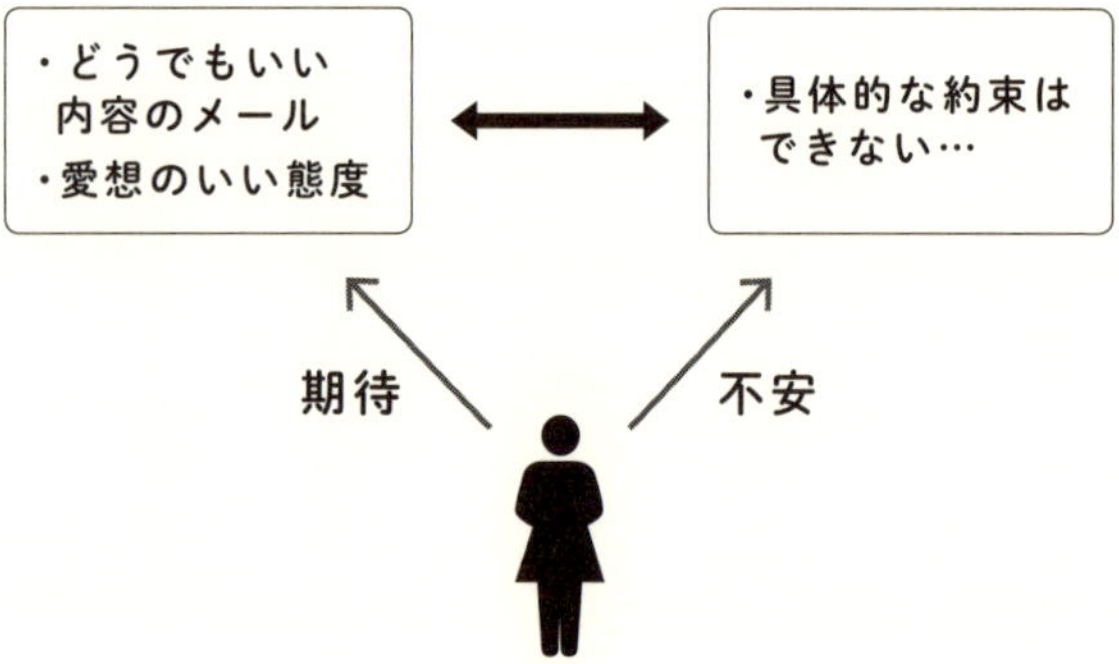

よくわかります。

相談文に〈彼はどういうつもりなんでしょうか〉とあるように、美里さんは彼の言動の〝理由〟や〝意味〟を知りたがっています。なぜ飲みの誘いには返事をくれないのか。なぜ会えば愛想よく接してくれるのか。「また誘ってよ」という言葉の意味はなんなのか――。これらの疑問に対する正解を求めて、美里さんは我々に相談を寄せてくれたのだと思います。

しかし残念ながら、我々には彼の考えや気持ちはわかりません。もちろん、その言動から脈の有無を推測したり、男としての自分たちの経験則やハウツーに照らして推論を立てたりすることはできるかもしれませんが、どこまで行っても推測の域を出ることはなく、また、それは美里さんにとって気休めにしかならないように感じます。結局のところ、「わからないこと」にこだわり続けても先に進むことはできないのです。

では、どうすればいいのか。我々が推奨したいのは、「わからないこと」から「わかること」へと視点を切り替えることです。今の状況で「わかること」は、「事実」と「美里さんの気持ち」のみです。

まず、ふたりの関係を事実ベースで整理してみると、次のようになります。

・英会話サークルの仲間である
・どうでもいい内容のLINEはやりとりできる
・飲みの誘いには返事をしてくれない
・直接会えば愛想のいい対応をしてくれる
・一応「またいつでも誘ってよ」と言ってくれている

こうやって見てみると、美里さんと彼は「他愛のないLINEのやり取りはするが、ふたりで飲みに行く関係ではない」という間柄にあることがわかります。これが事実から見えた彼と美里さんの距離です。

返ってくる球は、投げた球の速度に比例する

では、彼との関係を進展させていくためには、具体的にどうすればいいのでしょうか。相談文には〈誘いに乗ってもらえないと距離の縮めようがありません〉とありますが、この言葉からわかるのは、「私と彼は、ふたりで飲みに行けるくらいの距離の近さである」と美里さんは考えていることです。しかし現実としては、前述の通り、「ふたりで飲みに行く関係ではない」わけです。ここで重要なことは、自分の目測と現実の距離とのズレを受け入れ、「もっと距離を縮めないとふたりで飲みに行けない」と発想を転換することです。そこでここからは、距離の縮め方について考えていきます。

まず、彼とは英会話のサークル仲間なのですから、例えばサークル活動の中で彼とコミュニケーションする機会を増やしたり、他のメンバーとも人間関係を築き、サークルのイベントとして飲み会を企画したりすることはできそうです。そうやって少しずつ距離を縮めていき、徐々に「ふたりで飲みに行く関係」に近づいていく……。まわりくどい間接的なアプローチに思われるかもしれませんが、彼との関係を着実に進展させることはできるはずです。

一方で、より直接的なアプローチ方法も存在します。それは、「具体的な日程を示したうえで誘う」というやり方です。

質問と答えの具体性は比例する

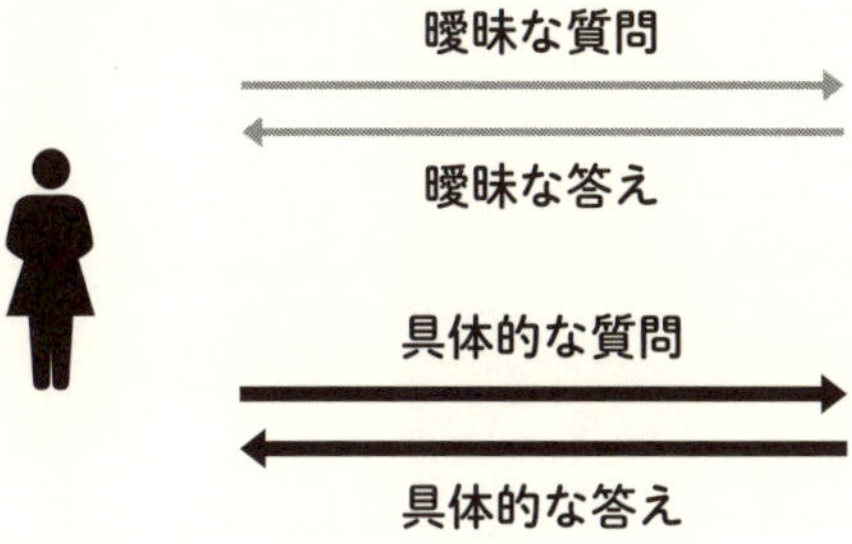

今回のお悩みは、「彼の曖昧な態度」が原因になっていました。本心なのか社交辞令なのか、飲みに行く気ははたしてあるのか……。解釈の幅が広いため、美里さんは憶測をめぐらせていたわけです。

では、そもそもなぜそのような曖昧な態度を取られてしまうのでしょうか。それは、美里さんが〝具体的な返答〟を要求していないからだと考えられます。

例えば壁にボールを投げたとき、速い球を投げれば速い球がはね返ってくるし、遅い球を投げれば遅い球がはね返ってきます。質問と回答の関係はこれに似ていて、具体的な質問には具体的な回答が返ってきますし、曖昧な質問には曖昧な答えしか返ってきません。

つまり、彼から曖昧な答えしか返ってこないのは、曖昧な質問しか投げていないからだと考えられるわけです。例えば「あなたとふたりで飲みに行きたいのですが、○月○日は空いていますか？」と具体的な日程を示したうえで誘ってみれば、彼から具体的な答えが返ってくるはずです。

それができないのは、おそらく彼の本心が見えてしまうことが怖いからです。例えば本気で飲む約束を取りつけたいならば、具体的な日程を提示して、ダメならまた日程を再提示して……ということを繰り返していけば、確実に空いている日をすり合わせることはできるでしょう。そこまでしてダメなら、つまり彼には「飲みに行く気がない」ということになる。

このように、ヘタをすれば恋愛の可能性そのものが閉じてしまうかもしれないわけで、本気の返事を求めるという行為は、アプローチする側にとっては怖いものです。

曖昧な態度を取らせないためには具体的な返答を求めていくしかない。しかし、それはそれで何かをハッキリさせてしまうことへの恐怖がつきまとう……。これが片想いの厄介なところだと思うわけですが、事態が膠着《こうちゃく》した場合、このジレンマを乗り越えなければそれ以上進展していかない場合が多いということは、最後に指摘しておきたいと思います。

甘美な期待や妄想を楽しむのも片想いの醍醐味？

このように、事実と自分の気持ち（＝わかること）を徹底して見つめていくのは、解釈の余地がないためなかなか厳しい道です。

最後にこれまでの議論をひっくり返すようですが、必ずしもすべてを具体的にしていかなければならないというわけでもありません。読み切れない相手の心をあれこれ推測し、甘美な期待や妄想を楽しむというのも片想いの醍醐味です。現に、美里さんのメールは、悩ましいことがよく伝わってくる反面、少し楽しそうでもあります。

なので、今のまま想像や推理を続けることだって、決してダメな道ではないと思います。曖昧な返事は解釈の幅が広いため、モヤモヤするものの、決定的に傷つくことはありません。覚悟を決めて具体的にアプローチするもよし、甘美な妄想を楽しむもよし。それを決められるのは、彼でも我々でもなく美里さんだけです。

そもそも、誰かを好きになれること自体が貴重な機会です。そこでネガティブなことだけを考えて自分を追いつめてしまうのは、実にもったいないこと。できることならばまずは片想いをエンジョイして欲しいというのが、我々の願いです。

〝オールorナッシング思考〟から〝グラデーション思考〟へ

もう自分から言うしかない…成功しやすい告白の方法とは？

お悩み

草食系男子にアプローチしています

何回かデートをしている男性に告白しようか悩んでいます。デートはこちらから誘うことが多く、食事に行ったり、映画やライブに出かけたりしています。彼はいわゆる草食系男子で、私に対して恋愛的な気持ちがあるのかどうかはよくわかりません。告白して付き合いたいのですが、ＯＫされる確信がないため、このままでは「当たって砕けろ‼」な状態です。もう少し確信が持てるようになってから告白したほうがいいのでしょうか？
成功しやすい告白のタイミングや具体的な方法があったら教えてください。
（29歳・文絵）

告白につきまとう〝構造的なジレンマ〟

何度もデートを重ねているということは、相手の男性との関係はそれなりに良好のはず。なんとなく恋愛っぽい雰囲気はあるけれど、決定的な関係には至っていない……。これが文絵さんと彼の現在地です。

相談文には〈告白して付き合いたい〉とありますが、これは「今の関係では満足できない」という気持ちの表れです。文絵さんの中では「彼ともっと近づきたい」「今とは別の関係になりたい」という欲求が強まっており、その結果として告白をリアルに検討しているのでしょう。

このように、告白とは自分の気持ちを伝えるだけでなく、相手に対して〝関係性の変化〟

を迫る行為でもあります。これをどのように、どんなタイミングで行えば、成功の確率が一番高まるのか……。文絵さんが知りたいのはそういうことなのだと思われます。

ただし、告白には恐怖が伴います。それは、「今の関係」が失われてしまうのではないかという恐怖です。文絵さんは、現状では好きな彼とふたりで食事や映画に行く関係は築けているわけで、その関係を大事にしたいという気持ちもあるのではないかと思います。

今の関係では満足できないけど、今の関係を失いたくもない——。告白という行為には必ずこのジレンマがつきまといます。

そして〝告白のジレンマ〟に悩み続けると、心が徐々に疲弊していき、やがて「早くこの状態を終わらせたい……」という気持ちが芽生えてきます。文絵さんが〈当たって砕けろ!!〉となっているのも、おそらくその気持ちがあるからでしょう。

そのように少しやけっぱちになっている文絵さんが知りたいのは、〈成功しやすい告白のタイミングや具体的な方法〉です。

告白で相手に要求していること

前述の通り、告白とは関係性の変化を迫る行為ですので、告白が成功するかどうかを考え

「付き合う」とはどういうことか

- 定期的に会う
- 頻繁にLINEをする
- 記念日を一緒に過ごす
- セックスをする
- 相手を最優先に考える
- 浮気は禁止
- 結婚を視野に入れる

漠然としたイメージを具体的な要素に分解！

るためには、成功した結果として成立する関係性を把握しておく必要があります。なぜなら、自分が相手に何を求めているか（どのような変化を要求しているか）を認識しないことには、それを相手が受け入れるかどうかを推し量ることはできないからです。

文絵さんは彼とどうなりたいのでしょうか。これは言うまでもなく、付き合いたいということですね。では、「付き合う」とは具体的にどういう関係でしょうか。細かく因数分解していくと、例えば上のリストのような感じになると思います。

つまり告白とは、このような関係を相手に求める行為になるわけです。こうやって分解してみると、結構すごい要求を突きつけていることがわかります。そして告白に恐れが伴うのは、もしも断られた場合、恋愛の可能性が閉じてしまうことだけではなく、自分のこの要求をすべて拒絶されたような気になるからです。より細かく言うと、「LINEもセックスもしたくないいし、定期的に会う相手じゃないし、最優先に考えられないいし、他の人ともデートしたいし、ましてや結婚なんて絶対に無理!」と、すべてにNGを突きつけられたような気になってしまう……。

〝オールorナッシング思考〟とは

全面的に承認されるか、全面的に拒絶されるか——。告白という行為をこの究極の2択で捉えてしまう発想を、我々は〝オールorナッシング思考〟と呼んでいますが、〈当たって砕けろ!!〉な文絵さんの中にも、この発想が存在しているように感じられます。

我々としては、〝オールorナッシング〟を相手に突きつけるような告白を、ちょっと危険なものだと考えています。

告白する側は、先に挙げた「定期的に会い、記念日を一緒に過ごし、相手を最優先に考え……」という関係になる覚悟が告白する時点ですでにできています。しかし、相手も同じかどうかはわかりません。心構えにギャップがあるかもしれない相手に対して大きな要求を突きつけることになるわけで、なかなかのギャンブルだと言えるでしょう。

またこの思考には、「実際には『部分否定』されただけなのに、あたかも『全面否定』されたような気持ちになってしまう」という誤認の危険性もつきまといます。例えば交際の申し出を断られてしまったとしても、それは全面的な拒絶ではなく、「頻繁にLINEしたり、定期的に会ったりするのはいいけど、最優先に考える相手かと言うとまだそこまでではないかも……」という気持ちで断られた可能性だってあるわけです。そういう「中間の可能性」を切り捨て、承認か拒絶かの極端な発想で考えてしまう……これも〝オール or ナッシング思考〟の弊害のひとつです。

例えば以前、「付き合おうって言えば簡単にセックスできる」と豪語するナンパ師から話を聞いたことがあります。先の図に照らして考えてみると、これが「全面的に承認するつもりがあることを匂わせておきつつ、実際にはセックスだけを搾取する」というカラクリになっていることがわかります。もしもナンパ師が、出会ったその日に「セックスしよう」と言ったとしても、ほとんどの女性はおそらくOKはしないでしょう。しかし「付き合おう」と言われた場合、さも全面的に承認されたかのような気持ちになり、その中の一部であるセックスを許してしまう……。ナンパ師はこの心理を巧みに利用しています。これは文絵さんのお悩みに直接関係する話ではないのですが、〝オール or ナッシング思考〟の危険性を示すひと

〝グラデーション思考〟へシフト！

- ☑ 定期的に会う
- ☑ 頻繁にLINEをする
- ☑ 記念日を一緒に過ごす
- ☑ セックスをする
- ☑ 相手を最優先に考える
- ☑ 浮気は禁止
- ☑ 結婚を視野に入れる

or

付き合わない！

→

☑ 定期的に会う
↓
☑ 頻繁にLINEをする
↓
☑ 記念日を一緒に過ごす
↓
☑ セックスをする
↓
☑ 相手を最優先に考える
↓
☑ 浮気は禁止
↓
☑ 結婚を視野に入れる
⋮

つのエピソードです。

〝グラデーション思考〟への転換

では、どうすればいいのか。我々が推奨したいのは、〝オール or ナッシング思考〟から〝グラデーション思考〟への転換です。

これは「全面的な承認か、全面的な拒絶か」という、持ち金をすべてぶち込む〝大きな賭け〟の一発勝負から、「部分的な承認か、部分的な拒否か」という〝小さな賭け〟を繰り返していくことへの方針転換です。

具体的には、先に挙げた「付き合う」の内訳をひとつずつ埋めていくようなイメージです。定期的に会ったり、頻繁にＬＩＮＥしたり、誕生日やイベントを一緒に過ごしたりする関係を作り、何ならセックスもしてみて……という感じで、具体的に距離を縮めていく。この〝グラデーション思考〟で進めていったほうが、成功の確率は上がっていくのではないかと考えています。

このように関係性を積み上げていけば、やがて「これはもう付き合っているに等しいでしょ？」と互いが思える地点に到達できるかもしれません。そこまで来たら、仕上げとして告白をする……。これこそが、〈成功しやすい告白のタイミング〉です。

極端な話ですが、成功の確率をほぼ１００％にする方法もあります。それは、「告白していいですか？」と相手に聞き、イエスをもらってから告白するという方法です。ここまで行くと現実離れした話に聞こえるかもしれませんが、「イチかバチか」のギャンブルみたいな気持ちで告白するよりも、関係を積み重ねたうえで〝チェックメイト〟的に告白したほうが成功しやすいのは確かでしょう。

また、告白は「あなたにもっと近づきたい」という意思を伝える行為です。そう考えると「言葉でハッキリ伝える」以外にも、方法はいくらでもあると発想できます。例えば相手をデートに誘うとか、相手の趣味に興味を持ち、試しに自分もやってみて感想を伝えるとか、一緒においしいものを食べに行くとか、おもしろい画像をＬＩＮＥでシェアして楽しむとか、そういった何気ないことだって、近づきたいという好意を含む以上は〝小さな告白〟と言えるわけです。

いきなり100％の告白をしようと思うと怖いけれど、5％ずつの告白なら怖くないかもしれません。毎週デートに誘ってみて、毎週会うことができれば、それは「毎週会う相手」として承認されたということです。これは「60％くらい付き合っている状態」と言っていいかもしれない。そのように考えていったほうが楽しいし、「付き合う」という目標に向かうプロセスとしても合理的ではないかと我々は考えています。

もしも断られてしまったら……

ここまで、関係性を積み重ねたうえで告白をするという〝グラデーション思考〟をオススメしてきました。この話をしたときによく言われるのが、「相手との関係性が深くなるんだから、ダメだった場合のダメージはむしろそっちのほうが大きいのでは？」ということです。

しかし、それも〝オール or ナッシング思考〟の発想です。次ページの図を見ればわかるように、断られたのはあくまで「そこから先」の関係であり、「そこまでの関係」まで否定されたわけではありません。

例えば「心から信頼できる相手だけど、セックスはできない」ということだってあるでしょょ

仮に断られたとしても…

すべてを否定されたわけではない！

うし、「セックスはしたいけど、結婚は考えられない」ということだってあるでしょう。相手の気持ちはコントロールできないので、告白する側にはどうしようもありません。

しかし、繰り返しますが、ある地点で告白して断られたとしても、築き上げてきた「そこまでの関係」を否定されたわけではないため、すべてが失われるわけでは決してありません。自分の中で折り合いさえつけることができれば、そこまでに構築した「恋人未満の関係」や「友だちの関係」に戻ることは可能です。

実際、我々にもこういった体験が数多くあります。特に清田は、もともと友だちだった女性とグラデーション的に恋愛をはじめることがほとんどなのですが、その過程で告白してフラれた相手や、うまくいって付き合ったけれど別れてしまった恋人とも、しばらくすると再び友だちに戻り、その後も仲良くしています。これはおそらく、築き上げてきた「そこまでの関係」を肯定できているからこそ成立するのだと考えられます。また、フラれてから（別れてから）新たに「そこからの関係」を築いているとも言えそうです。

もちろん、フラれた後や別れた直後は傷ついているのですぐにとはいかないと思いますが、〝グラデーション思考〟の意識さえあれば、「付き合うのは無理だけど、友人としてはもっと仲良くなれる」ということだって可能なはずです。

もっとも、〝グラデーション思考〟にも欠点はあります。それは「ドキドキに欠ける」という点です。〝オール or ナッシング思考〟の告白は大博打ゆえドキドキするものです。それに比べて小さな賭けをコツコツ積み上げていく〝グラデーション思考〟は、ドキドキという点においては分が悪い。

確実性が低いほどドキドキし、高いほどドキドキしない……。「告白は成功させたいけど、成功が見えすぎてしまうのもつまらない」というアンビバレントな気持ちを持ったことのある人もいるはずです。ドキドキこそが恋愛の醍醐味と考える人にとっては〝グラデーション思考〟はいささか刺激に欠ける方法かもしれません。

しかし、チェックメイト的な告白であっても、相手の心はどこまで行っても読み切れるものではないですし、人の気持ちは移ろうものでもあるので、絶対に確実という保証があるわけではありません。その意味ではすべての告白にギャンブル性がつきまとうわけで、〝グラデーション思考〟でも恋愛ならではのドキドキは味わえるはずです。相手との関係を着実に構築しつつ、小さな賭けを繰り返しながらミクロな前進を楽しんでいく……。

文絵さんも〈当たって砕けろ!!〉の前に、ぜひ〝グラデーション思考〟を試してみてください。

先にセックスしちゃうと、なぜ恋人関係になれないの？

お悩み

好きな人とセフレになっています

私の中では、好きな人に対して「この人のことを知りたい、仲良くなりたい、手をつなぎたい」といった気持ちと同列に「セックスしたい」があります。好きな人に対してそんな風に思うのは普通のことだと思っていたのですが、もしかして変でしょうか？

確かに、ワンナイト限りの関係で「付き合って」と言われたら、私だって引きます。でも、2~3回以上セックスするというのは、なんらかの意思がありますよね？　セックスするときに「多少は好き」という気持ちはないのでしょうか。セックスと「好き」を別に考えるというのがよくわかりません。

そして、私の現状としては、また好きな人がセフレになっています。その人と関係を持ちはじめてもうすぐ1年になります。ハッキリと交際を迫ったことはありませんが、会話の中で「あなたは私の好きな人である」ということは伝えており、相手も気づいていると思います。

ハッキリと私から「彼氏になって」と言えればいいのですが、そこまで捨て身になれないのです。周囲からも、「セフレの関係をやめるか、その人じゃない人を好きになれ」と言われますが、できるものならすでにそうしています。

セックスしてしまうと、なぜ恋人関係になれないのでしょうか？　また、付き合う前にセックスすると「軽い」と言われることもよくわかりません。それにセフレって、「お前セフレだから」とは言ってくれませんよね……。今の関係をやめずに付き合う方法について、アドバイスをお願いします。

（32歳・聡子）

聡子さんは何に悩んでいるのか

今回の相談文にはいろんな要素が混在しています。なので、いったんポイントを整理することからはじめたいと思います。聡子さんの現在地は、「好きな人と恋人関係になりたいが、なれていない」ことがベースとしてあり、そこに「でもその人とは1年ほどセフレの関係にある」という状況が乗っかっています。そのうえで、

（1）自分は「セックスする＝好き」という感覚だが、それは変なのか
（2）現在の好きな人と恋人関係になるためには、どうしたらいいのか

というお悩みが発生している……。ざっくりまとめると、このような感じになるかと思います。

もちろん、他にも「男性にとってセックスの意味とは」「セフレってなんなのか」「付き合う前にセックスするのは軽いのか」など、いろいろ気になることがあるのは伝わってきます。しかし、あくまで目標は「彼と恋人関係になること」なので、そこを主軸に話を進めていきたいと思います。

聡子さんが悩んでしまうのは、端的に言えば「彼がどういう気持ちなのかわからないから」です。こちらは「恋人」になりたいが、相手はどうかわからない……。これを解消する方法は、究極的には「相手の意思を確かめる」しかありません。つまり、「私はあなたと付き合いたいが、あなたはどうか。もしも付き合う気がないならセフレはやめる」と問うてみるしかないわけです。

しかし、相談文にも〈そこまで捨て身になれないのです〉とあるように、断られるリスクを考え、踏み込むことができないのだと思います。

曖昧な状態はモヤモヤしますが、そのままでいれば決定的に傷つくことはありません。つまり現在の関係は、聡子さんにとって不安材料になっている一方で、実はある種の安心材料にもなっているわけです。

〈変〉かどうかは考えても仕方ない

そんな中で出てきたのが、(1)の「セックスする＝好き」という自身の感覚についての疑問でしょう。相手の気持ちが読めないし、確かめるのも怖い。だから「私の感覚が変なのか」と自分の中に原因を求め、「そこさえ修正すれば状況が改善されるかも」と活路を見い出したくなる……。おそらくこの疑問は、現在の不安を緩和したいと願う気持ちから発生しているものではないかと思われます。

しかし、彼との関係を考えるうえでは、「セックスする＝好き」という感覚が〈変〉かどうかを気にしても、実はあまり意味がありません。変か普通かというのは何を基準にするかで変わってきますし、仮に〈変〉だとしても、最終的に彼と恋人関係になれさえすれば問題ないからです（付き合う前にセックスすることが〈軽い〉かどうかも、同様の理由で気にしても仕方ない問題です）。

もっともこれは、〈また好きな人がセフレになっています〉という表現が示すように、今までに何度も同じような経験をしてきた結果として出てきた疑問でしょう。聡子さんは〈変でしょうか〉と言っていますが、これは反語的表現で、つまり「いや、変じゃないだろ」と思っているわけですよね。

自分としては、好きだからセックスしている。しかもワンナイトではなく何度もセックスしているのだから、当然付き合いたいという思いがある。それはごく普通のことだと思うが、なぜか相手は同じ気持ちじゃなさそうだ。うまくいかないのは私が〈変〉だからか……。相談文からは、疑問を通り越した憤りに近い気持ちすら感じます。

このように、聡子さんの感情は複雑にもつれており、このままではどこから手をつけていけばよいのかわからない状況です。そこで提案したいのが、「欲求」という視点の導入です。この視点で整理すれば、聡子さんのモヤモヤはかなりクリアになるのではないかと思います。

というのも、相談文を読む限りでは、彼とのセックスは「聡子さんがしたくてやっていること」です。人によっては相手との関係を「つなぎ止めるため」にセックスしているケースも少なくありませんが、聡子さんは、好きな彼とセックスがしたいからしています。決して「させてあげている」わけでもないし、「無理やりされている」わけでもない。セックスは彼だけでなく聡子さんの「主体的な欲求」でもあるわけで、それが満たされているのだから「喜ばしいこと」になるはずです。まずは自分の中のその感情を認めてあげるべきだと思います（もしも喜ばしい感情がないならば、セックスするのはやめたほうがいいでしょう）。

では、なぜモヤモヤするのかというと、現状では満たされていない欲求があるからです。つまりそれは「セックス以外の欲求」で、具体的には相談文にある〈この人のことを知りたい、仲良くなりたい、手をつなぎたい〉という欲求です。つまりこれらが満たされていないことが、今回のお悩みの核心ではないかと考えられます。

「満たされていない欲求」をどう叶えていくか

さてここまで、考えるべきことと考えても仕方ないことを整理したうえで、聡子さんの現状を「欲求」という視点で捉え直してきました。そしてモヤモヤの正体として、「満たされていない欲求」が浮上してきました。

問題なのは、これをどうしていくかです。現状の聡子さんは、「セックスしているのに、なんで付き合ってくれないの？」と相手にかけた期待が叶わず、失望していることがわかります。

しかし、あえて厳しい言い方をすれば、これは相手次第の「受け身」の構えであり、このままでは自分で状況を変えることができません。そこで我々は、これを「能動的」なアクションに転換していくことをオススメします。

相談文にあるように、聡子さんの考える「付き合う（＝恋人関係）」という関係性には、「相手を知る」「仲良くなる」「手をつなぐ」「セックスする」が同列で含まれています。しかし現在、彼との関係性はそのようになっていません。これを「関係性＝フォルダ」「行為＝アプリケーション」にたとえたイメージで表すと、おそらく次ページの図のようになります。

このように、〝付き合うフォルダ〟から〝セックスのアプリケーション〟が外に飛び出し

“付き合うフォルダ”のイメージ

手をつなぐ
仲良くなる
相手を知る
セックス
聡子さんは
こう考えているが…
現状は「セックス」だけが
外に出ている

てしまっていて、それだけが開かれ続けているのが現状と言えます。となると目標は、本来なら〝恋人として〟したい「セックス」をフォルダの中に収納し、デートしたりおしゃべりしたり手をつないだりセックスしたりする関係を彼と結び直す、ということになります。

だとすると、聡子さんは具体的にどんな行動を取ればいいのでしょうか。冒頭で述べたように、「交際を申し込む」というのはひとつの手です。これは言わば、上記の行為群をワンセットで要求するというやり方です。ただし、聡子さんも〈捨て身〉という表現を使っているように、これは〝オール or ナッシング〟的発想であり、あまりにリスキーです。

そこで提案したいのが、34ページで紹介した〝グラデーション思考〟です。これは「恋人と

して彼とやってみたい行為」をリストアップし、叶えられそうなものから叶えていくというアプローチ方法です。例えば、

- ・一緒にご飯を食べる
- ・仕事の悩みを語り合う
- ・映画を観に行く
- ・くだらないLINEのやりとりをする
- ・公園で散歩をする
- ・買い物デートをする
- ・一緒に旅行する
- ・夜怖いときに電話する
- ・部屋に虫が出たら呼ぶ
- ・突発的に必要になったものを借りる
- ・おもしろいドラマがあったら教える

……など、どんな些細なことでもいいので、自分の中にある欲求をひとつずつ実行していく。

これが能動的なアクションであり、自分の意思とペースで進められるのが利点です。

ただし、ここで大事なのは「セックスしたい」という欲求をひとまず「我慢」することです。なぜなら聡子さんは恋人として彼とセックスしたいわけで、関係性を変化させるためには、今の関係性の中で行っているセックスをいったん中断させないと、結局すべてがあやふやになってしまう可能性が高いからです。

そして彼を誘うときは、例えば「仕事の愚痴を聞いて欲しいから、たまには外でご飯を食べない？」といった風に具体的な目的を明示したうえで声をかけてみるのがいいかもしれません。そうやって、少しずつ彼との間に行為のバリエーションを増やしていく……。恋人という関係性の承認を求める（＝告白する）のは、その後でも決して遅くはないはずです。

これが我々の考える「（2）現在の好きな人と恋人関係になるためには、どうしたらいいのか」へのアンサーです。現状から脱却すべく、ぜひ能動的に欲求を叶えにいってみてください。

ネットで出会う↓片想い↓音信不通…どこで間違えた？

お悩み

手をつなぎ、ハグもしたのに……

SNSで知り合った男性に片想い中です。きっかけはフィード購読です。趣味のページからたどっていき、おもしろい投稿が多かったのでフォローしました。そこから、「いいね！」やコメントのやり取りがはじまり、メッセンジャーで連絡を取り合って、会うことになりました。

これまで2回ほど会いまして、普通に食事をして、手をつないで歩いたり、軽くハグをしたりしました。そして、またこれまで通り連絡を取り合って、会おうとしても、「都合がついたら連絡するよ」と言われてそのままです。それから早1か月が過ぎましたが、連絡はなしのつぶてです。
私は恋愛経験が豊富ではなく、彼の本心がよくわからず困惑しています。せめて会って話をして、ダメならダメと確かめたいです。どうしたらいいでしょうか。そして、ネットからはじまる恋についてどう思いますか？

（34歳・ゆりあ）

便利だけど〝取扱注意〟なネット経由の出会い

ゆりあさんと彼の状況は、2回目のデートを境に急変しています。前半は、「SNSで交流が生まれる→リアルで会う→手をつなぐ&軽いハグ」と、いい感じです。共通の趣味があり、投稿のセンスにも惹かれている。そんな相手と順調に関係が進展したわけで、気持ちが高まるのも無理はありません。

しかし2回目のデート以降、突然彼の反応が鈍くなってしまいます。誘ってもはぐらかされ、そこから1か月以上も音信不通になっている。この急変の理由がわからず、ゆりあさんは混乱しているのだと思われます。最初は好感触だっただけに、「自分に何か問題があったのでは⁉」といった不安に苛《さいな》まれている部分もあるかもしれません。なぜ、ゆりあさんはこのような苦しい状況に陥ってしまったのでしょうか。

出会いという観点で見れば、例えばSNSは相手の情報（外見・プロフィール・趣味・交流関係など）を簡単に入手できる便利なツールです。またマッチングアプリにしても、物件やグルメ情報のように条件を絞り込んで検索をかけることができ、希望に当てはまる相手を簡単に探せるため、出会いのツールとして極めて便利です。さらに、SNSにしてもマッチングアプリにしても、アカウント同士がつながれば相手と直接やり取りできるため、多くの場合、アポが成立するといきなり一対一で会うことになります。

つまり、こういったツールを使えば、あらかじめ希望のラインをクリアしている相手といきなりデートすることが可能になるわけです。このように、ムダなく手っ取り早く希望の相手と出会えるのが、SNSやマッチングアプリの特長です。

しかし、これらのツールには〝取扱注意〟の部分もあります。よく考えると、いきなり一対一で会うというのはかなり特異な状況です。友だち未満からはじまる一般的な出会いと比較してみると、その特異さが際立ちます。

例えば会社や学校で気になる人ができた場合、まずは同僚やクラスメートといった枠組みの中で関係を深める努力をすることになります。相手は自分をどう思っているか、相手に恋人はいないか、自然な誘い方はないものか……など、いろんなことを慎重に探りながら距離を詰め、どこかのタイミングで勇気を出してデートに誘ってみる。それでOKをもらえてようやく一対一の関係（以後〝デート関係〟と呼びます）がはじまるわけです。

ネット経由の出会いは、こういったプロセスをすっ飛ばし、いきなりデート関係からはじまります。前述したように、この圧倒的な速度が特長なのですが、それによってある種の〝錯覚〟が起こりやすくなり、かえって恋愛を難しくする側面もあります。

「すでにデート関係〝まで〟進展している」という錯覚

ネット経由の出会いがショートカットするプロセスを簡単にまとめると、以下の（1）～（5）のようになります。

（1）出会う

（2）相手を知り、自分を知ってもらう
（3）相手に恋愛する意思があるか推し測る
（4）リスクを冒して誘ってみる
（5）OKが出る
↓
（6）デート関係になる

これが一般的な出会いだったら、（6）に進む頃にはふたりの仲もそれなりに縮まっているはずです。時間と労力をかけて各ステージをクリアしてきたわけで、「ようやくデート関係までたどり着いた！」という手応えも感じられるかもしれません。

一方、ネット経由の出会いはいきなり（6）からはじまります。もちろんオンライン上で（1）から（5）のステップを踏んでいるわけですが、そこはかなり簡略化されています（特にマッチングアプリでは（3）の恋愛する意思がある前提での出会いなので、フィーリングさえ合えば話が極めて早く進みます）。先に〝錯覚〟と書いたのは、このようなネット経由の出会いと一般的な出会いとのギャップによって生まれる錯覚のことです。つまり、ネット経由の出会いは単にデート関係〝から〟はじまるというだけに過ぎないのに、認識としては一般的な出会いのモデル

錯覚が起こりやすい構造

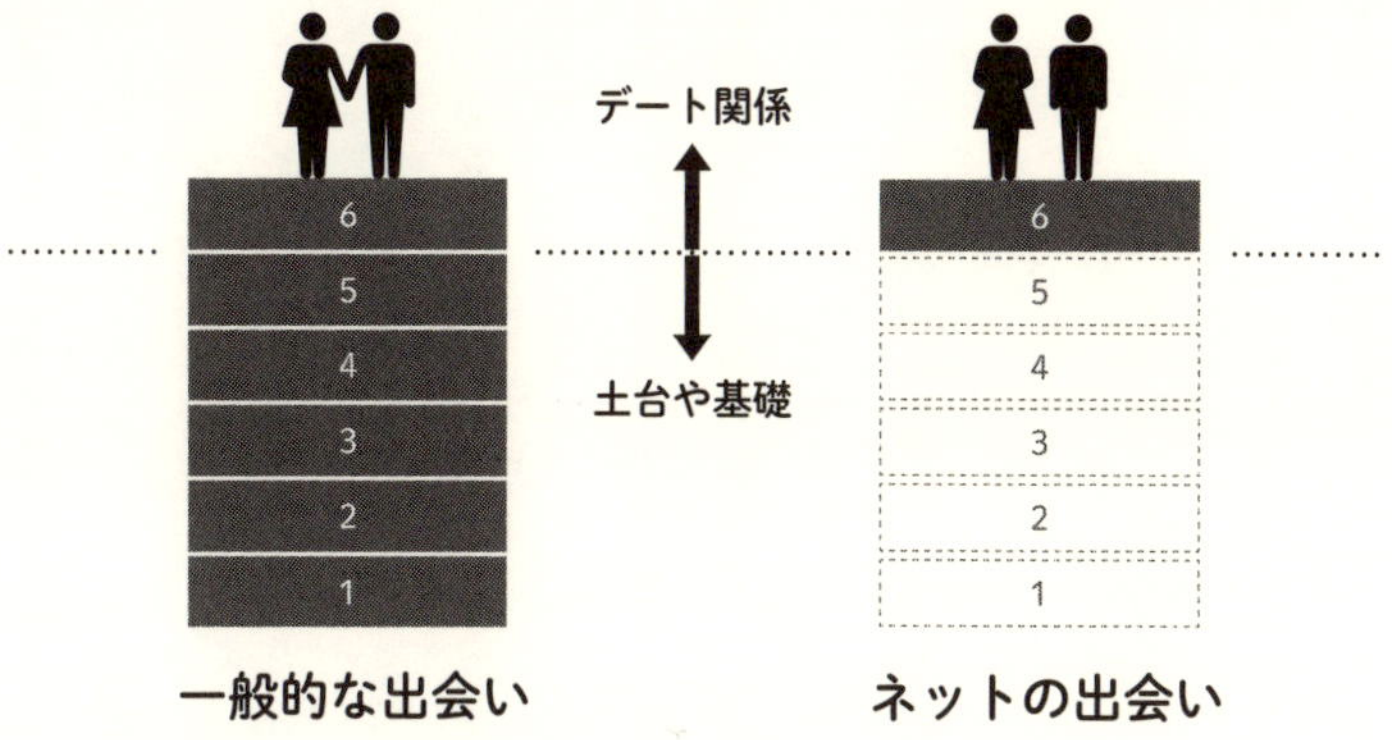

で捉えてしまい、すでにデート関係〝まで〟進展していると錯覚してしまう――。これが取扱注意の理由です。

話をゆりあさんの一件に戻すと、今回の相談文だけでは、彼との間にどのようなコミュニケーションがあったかは読み取れません。手をつなぎ、ハグもされたのですから、親密な雰囲気は出ていたのだと思います。しかし、実態としては「ネットで知り合い、食事に2回行った関係」です。これを「2回も会った」と捉えるか「2回しか会ってない」と捉えるかは人それぞれの感覚に依るところも大きいかと思いますが、我々の考えは後者寄りです。

おそらくふたりの間では、お互いの情報は十分に共有されておらず、信頼関係も構築されていないのではないか……。建物にたとえるならば、基礎も柱もないプレハブ小屋のような状態だと思われます。

しかしゆりあさんには、デート関係はおろか、それ以上の段階まで関係が進展しているかのような感覚がある。それなのに、なぜいきなり切られたのか——。こうした混乱に陥っているのがゆりあさんの現在地です。

もっとも、ゆりあさんに過失があるわけではありません。前述の通り、ネット経由の出会いは錯覚を起こしやすい構造になっているわけです。まだ知り合って間もない間柄なのに、手をつなぎ、ハグをする……。こんなの、ドキドキするなというほうが無理な話です。このような〝ジャンプ〟を恋愛的に楽しむつもりであれば、ネットはとても刺激的で便利なツールだと思います。しかし、出会った相手とその後も関係を構築していきたいのであれば、ネットが「(1)から(5)までをショートカットし、いきなりデート関係からはじまるツール」であることは認識しておいたほうがよいでしょう。

恋愛における〝しがらみ〟の機能とは？

今回のケースで明確なのは、彼がクソであることです。気を持たせるような素振りをしておいて、いきなり音信を絶つ。これは人としての最低限のマナーを欠いているように感じま

しがらみと誠実度は比例する

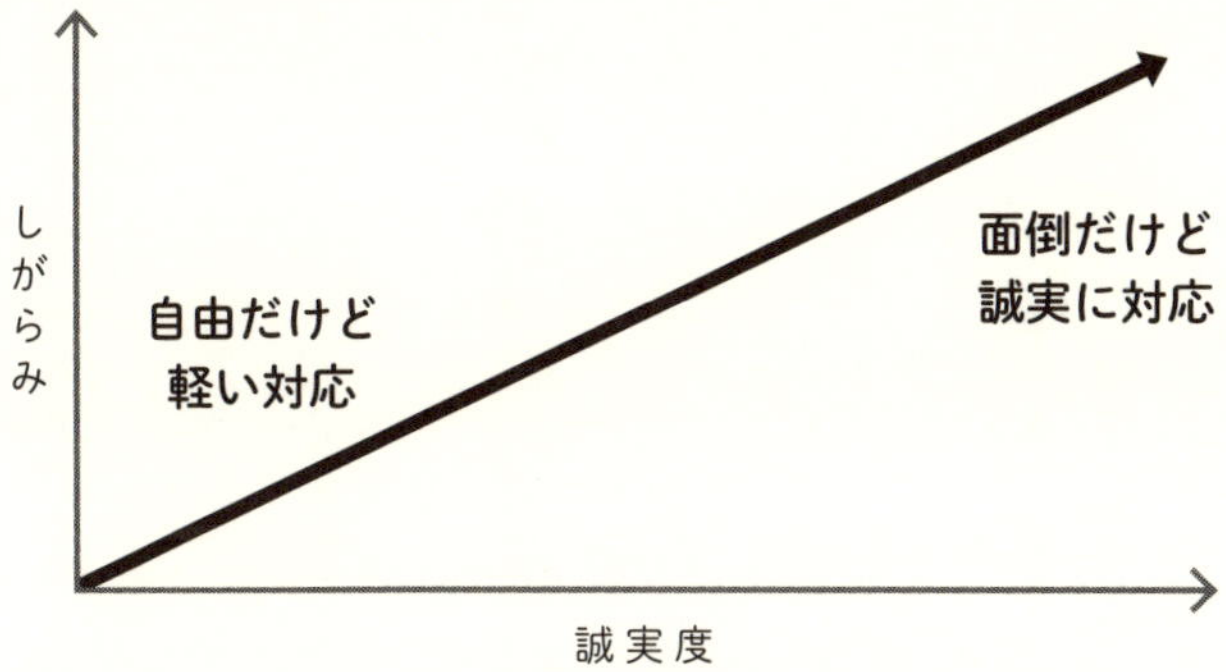

す。ただ、そんな彼でも、もしも相手がクラスメートや会社の同僚、友だちの友だちやサークルの仲間だったら、おそらく同じことはやらないでしょう。なぜならその関係性には〝しがらみ〟があるからです。

しがらみは面倒で不自由なものです。ヘタなことをすれば周囲から信頼を失うリスクがありますし、実際に人間関係に影響を及ぼすこともあるでしょう。しがらみの中で恋愛感情が芽生えた場合、大抵の人は丁寧に関係を築こうとするはずです。つまりしがらみは、面倒で不自由なものだからこそ、不誠実な行動に対する牽制として機能するのです。多くの場合、しがらみと誠実度は比例します。

ネット経由の出会いにはしがらみがありません。だから大胆な行動に出やすく、〝ジャンプ〟

のある非日常的な体験を味わえるのですが、もしも交際や結婚にまでつなげたいという気持ちがあるなら、ネット経由だからこそあえて慎重に進めていくという心構えが必要だと思います。デート関係になっても、まだふたりの間には基礎となる土台がないのですから、関係を前に進めるのではなく、まずは先の（1）から（5）を埋めるようなコミュニケーションを積み上げていく――。この意識を共有できないような相手はあまりオススメできません。

恋愛はそもそも時間と労力がかかるもの

今回はSNSやマッチングアプリといったネット経由の出会いに焦点を絞って話を進めましたが、ここで考えてきたことは、街コンや出会い系居酒屋、婚活パーティーなどにも共通する話だと思います。

どのような出会い方であれ、いきなり一対一の関係になるのはリスクが大きく、安全に恋愛を進めるにはある種の勘と判断力が求められます。なぜなら、しがらみに守られながら相手をじっくり観察して判断する時間を確保できないからです。今回のケースをよりシビアな視点で見れば、彼は「2回会ってピンと来るものがなかったから、次に行っただけ」と認識している可能性もあります。それがネット特有の〝速度〟と〝温度〟なのかもしれません。

また、相談文でゆりあさんは〈彼の本心がよくわからず困惑しています〉と書いていますが、お互いに本心を見せるだけの信頼関係を築けていなかっただけ、とも言えます。基礎も柱もないプレハブ小屋に命を預けるのはリスキーです。彼とは手をつなぎハグもしていたわけで、そこがとても頑丈な〝家〟のように思えたのかもしれませんが、それは砂上の楼閣《ろうかく》だった可能性も高い。童話『3匹の子ぶた』にもあるように、建築物の堅牢《けんろう》さはかけた労力に比例します。恋愛関係も家づくりと同じように、時間と労力をかけて構築していくものなのではないかと思います。

もちろん、ネットが便利なツールであることは間違いありません。忙しい現代人の強い味方です。ただし、フェードアウトが簡単なものだからこそ、相手にその気がないと感じたときには潔く諦める覚悟が求められます。そして、本気で関係を築きたいと思う人に出会ったら、関係の進展ではなく、基礎工事に時間をかける。ネット恋愛には、そういった心構えで接するのが大事ではないかと思います。

「失恋ホスト」ってなんですか？

聞き手・担当編集M

——ふたりはこれまで1000人以上の恋バナを聞いていますが、この活動はどういうきっかけではじまったんですか？

清田 桃山商事は元々、我々が大学生の頃にサークルのようなノリではじまった活動でした。僕は女子ばかりのクラスにいて、「男子の意見を聞かせて」と恋バナの相手になる機会が多かったんですが、男子校育ちというのもあって恋愛のことが全然わからず……。それで、予備校時代からの友人だった森田など数人の男友だちに声をかけ、助っ人に来てもらったのがきっかけです。

森田 俺はあまり深く考えず、完全に遊びの延長で参加してました。この「複数の男で話を聞く」というスタイルが珍しかったのか、思いがけず好評だったんだよね。

清田 そうそう。そこから「私の友だちの話も聞いてあげて欲しい」など、直接の知り合い以外からも依頼が来るようになり、徐々に活動っぽくなっていって。

——桃山商事という名前はいつから？

森田 初期からありました。清田が適当につけた名前で、特に意味はなかったです。

清田 "会社ごっこ"がしたかったんだと思う。活動内容としては、最初は女子の恋バナをじっくり聞くというより、失恋した女子をひたすらチヤホヤして盛り上げるって感じだったんですよ。レンタカーを借り、女子を海や山や遊園地に連れ出し、男たちが寄ってたかってチヤホヤするという……今思うと

失敗と反省を繰り返し、「盛り上げる」から「話を聞く」スタイルへ。

チャラい活動だった（笑）。

森田　そのイメージを受け、コピーライターの知人が後からつけてくれたのが「失恋ホスト」という名称です。でも俺は当時、その雰囲気にイマイチ乗れなかったんですよね。

――どういうことですか？

森田　あまりに女子を〝お姫様扱い〟し過ぎるというか、ノリが男子校っぽかったんですよ。例えばひどい彼氏の話を聞けば、「そいつ最悪だね！」「別れたほうがいいよ！」と盛大に彼氏をディスったりしていたんですね。もちろん女子を元気づけるためという意識だったかもしれないけど、自分たちの優位性を確認して気持ち良くなっている部分がどこかにあった。

清田　女子をチヤホヤし、他の男をこき下ろすことで、「俺らはそういう男たちとは違うぜ」「俺らはイケてるぜ」と、自分に酔ってる感じが確かにありました……。

森田　これは俺が共学出身で比較的女子の友だちが多かったからだと思うんだけど、どんな恋愛でも、そんなに単純に「男＝悪者、女＝かわいそうな被害者」って図式になるわけないだろって感覚があった。それと彼氏をディスりすぎて、来てくれた女子を怒らせてしまうなど失敗もいろいろ経験して。そういう反省が我々の中に積み重なっていき、徐々に「盛り上げる」から「話を聞く」に重心がシフトしていったという感じです。

清田　特に2011年にウェブサイトを開設し、失恋ホストの受付をオープンにして以降は、「カフェや貸し会議室で2時間じっくり話を聞く」という現在のスタイルが定着しました。

――失恋ホストにも歴史ありですね。

第２章

本当にこの人でいいのかな？

こんなアナタに…

デート相手にピンと来ない
「タラレバ」ばかり言っている
不倫に走りそう
彼氏との将来が描けない
ダメ男に惹かれがち

マトモな男性とのデート、直前でイヤになるのはなぜ？

お悩み

本当にいい人だと思うのですが……

すごく惹かれてるわけではないのですが、これまで出会った男性の中で一番「マトモだ」と思える人がいます。向こうから誘われて2回ほど飲みに行きましたが、デート直前になると「なんか違うんだよなぁ……」とイヤになってしまいます。

マトモだと思う理由は、メンタルが健康だから&優しいから&稼ぎが安定しているからです。それに、私への好意を感じるし、人柄としては最高だと思います。

これまでは、すぐ泣く人、まったく連絡をくれない人、「彼女いらない」と言ってキープしてくる人などと恋愛をしてきました。それゆえ、「これらの要素がない＝マトモ」という思考になっています。

しかし、こうやってモヤモヤしているときに例の「彼女いらない」と言ってキープしてきた人（今は既婚）から連絡が来ました。それで会ってみると、「やっぱり超楽しい……」となりました。私としては結婚して子どもが欲しいので、もう割り切ってこういったマトモな人と付き合うのがいいのでしょうか？


（30歳・智美）

智美さんは何に悩んでいるのか

まずは智美さんの現在地から考えていきたいと思います。この相談文から見て取れるのは、「考えていることと感じていることの不一致」から生じる戸惑いです。

智美さんを悩ませているのは、優しくてメンタルが健康で、自分に好意を寄せる〈マトモ〉

な男性です（以後、「マトモさん」と呼びます）。マトモさんは条件的に申し分ないはずなのに、デートの直前になるとなぜか突然イヤになってしまう……。この心の動きが自分自身でもイマイチ理解できないことが、智美さんの悩みの種になっています。

この悩みを考えるうえで鍵となるのが、〈すぐ泣く〉〈連絡をくれない〉〈キープしてくる〉といった過去の恋愛相手たちです（以後、彼らのことは「クソメン」と呼びます）。智美さんの認識では、マトモさんがマトモであるのは、クソメン要素（＝すぐ泣く、連絡くれない、キープしてくる）がないからです。さらにマトモさんは〈稼ぎが安定している〉というプラスαの好条件も乗っかっているため、〈結婚して子どもが欲しい〉という目標から逆算すると、彼と付き合うことは理に適っていると考えられるわけです。しかも、マトモさんは智美さんに好意を寄せ、デートにも誘ってきている。この波に乗っかっていけば、交際への道も険しいものではなさそうです。

目標から逆算して考えれば「付き合うべき」という結論になるのに、なぜか身体は拒否反応を示している。しかし、その原因はもしかしたら取るに足らないことかもしれないし、このチャンスを逃したら後悔するかもしれない。このモヤモヤした気持ちさえ割り切ることができれば、マトモさんとの幸せな未来が待っているような気もする。でも、本当にそれでいいのか――。これが智美さんの現在地です。

なぜ、智美さんは「割り切る」ことができないのでしょうか。この理由を考えるうえでも、鍵になるのはクソメンです。智美さんは、自分のことをキープしてきた既婚者のクソメンと過ごした時間を、〈やっぱり超楽しい……〉と感じたと書いています。ここからわかるのは、「クソメン（クソメン要素がある）→楽しい」という図式が智美さんの中にあることです。そしてこの図式では「クソメン要素がない人→つまらない」と振り分けられるため、クソメン要素を持たないマトモさんは圧倒的に不利になります。マトモさんと付き合うことは、楽しさを諦め、退屈を受け入れなければならないことのように感じられてしまう……。これが「割り切る」ことのできない理由だと考えられます。

我々はここで、「ダメな男ほど魅力的」とか、「結婚するには普通が一番」といったことを諭したいわけではありません。考えたいのは、なぜ智美さんはクソメン要素があると楽しく、クソメン要素がないとつまらないと感じてしまうのかということです。クソメン要素によって生じる楽しさとは、いったい何なのでしょうか。それを押さえることができれば、解決への道が見えてくるはずです。

なぜクソメンは〈超楽しい〉のか

改めてクソメン要素を振り返ってみると、それらは〈すぐ泣く〉〈連絡くれない〉〈キープしてくる〉といった要素でした。これを智美さんの側から捉え直すと、「問題」があったと見ることができます。一方のマトモさんには、問題が取り立ててありません。一般的なイメージからすると問題がないほうが楽しそうに思えるはずですが、智美さんは問題があるクソメンこそ〈超楽しい〉と言っている。これはどう解釈すればいいのでしょうか。

問題という言葉を辞書で引くと、解決すべき事柄、困った事態、課題、問い……といった意味が出てきます。つまるところ問題とは、「立ち向かうべきこと（または、立ち向かわざるをえないこと）」だと言えるでしょう。そしてここがポイントなのですが、問題に立ち向かっているとき、その人の脳みそは活性化され、平常時よりもテンションが上がり、軽い興奮状態になります。ゲームやギャンブルをしているときのことを思い浮かべるとわかりやすいかもしれません。クソメン要素によって生じる楽しさとは、これと同種の、問題に立ち向かっている際に生じる楽しさなのではないかと我々は見ています。

〃スタティックな関係〃と〃ダイナミックな関係〃

クソメンと恋愛関係になると絶えず問題が生じるため、智美さんの内面はジェットコースターのように乱高下しますし、実際に問題を解決するためのアクションを起こさざるを得なくなります。この関係は非常に動的（ダイナミック）です。一方のマトモさんとの関係では、智美さんの内面は揺れ動かず、解決のためのアクションも起こさなくてよいため、全体が静的（スタティック）になります。

多くの場合、恋愛はダイナミックな関係です。智美さんにとってマトモさんとの付き合いは、恋愛というにはあまりにダイナミズムが少ないため、「この人でいいのかな？」という不安が残るのだと思います。これは身体が発している危険シグナルとも言えるので、「結婚という目標のためなら……」などと無視すべきではありません。恋愛や結婚に限らず、楽しくない関係を続けるのは荒野を歩き続けるようなものでしょう。

そう考えていくと、ポイントになるのは「マトモさんとの〃スタティックな関係〃を〃ダイナミックな関係〃へ移行できるかどうか」ということになります。結論を先に述べると、「できる」というのが我々の見解です。ただしそのためには、智美さんが姿勢や認識を変化させる必要があります。

少し厳しい言い方をすると、現状における智美さんの態度は一貫して「受け身」です。例えばクソメンとの関係が〈超楽しい〉のは、向こうから勝手に問題を起こしてくれたからです。たとえるならば、問題を順に提示してくれるテレビゲームをしたり、遊園地やテーマパークでアトラクションに乗ったり、テロップだらけのバラエティー番組を観たりするようなものです。智美さんが能動的にならずとも、クソメンは「これが立ち向かうべき問題ですよ」「ここが盛り上がるところですよ」と教えてくれていたわけです。一方、マトモさんの場合は向こうから問題を起こしてくれるわけではないので、クソメンのときと同じような受動的態度でデートに臨んでも、智美さんが期待する〈超楽しい〉がやってくることがないのは当たり前とも言えます。

そもそも、マトモとはなんなのでしょうか。〈メンタルが健康〉〈優しい〉〈稼ぎが安定している〉というのは、マトモさんのほんのイチ部分に過ぎません。たった2回会っただけで、「クソメン要素がない→マトモ」と見切った気になるのは、やや早計というものでしょう。どこにも歪みのない人なんているわけがありません。また、恋愛は価値観も考え方も経験も異なる他人同士が一緒に過ごす場なので、その関わり合いの中で問題が起きないわけもありません。問題がない人なんていないし、問題のない恋愛もあり得ないのです。

だとすると、智美さんがやるべきことはひとつです。それは、「自分から能動的にマトモ

ダイナミックな関係

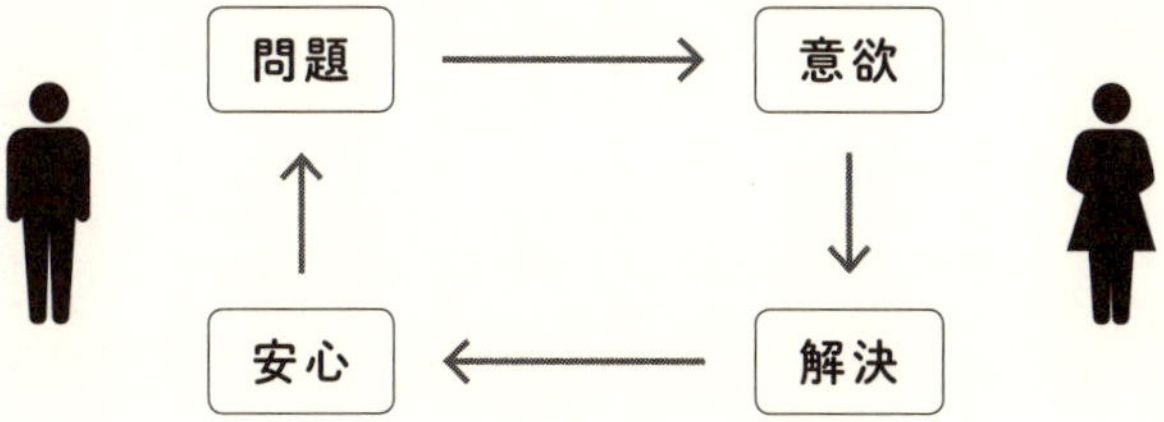

スタティックな関係では
こうしった動きが生まれない

さんに関与していき、マトモさんとの間に問題を発見していく」ということです。これは「ワガママを言って彼を困らせよう！」とか「駆け引きをして彼を試してみよう！」といった話ではありません。そうではなく、積極的に関与することで多様な反応や感情を引き出すということです。その結果として、ひとりの人間としてのマトモさんの個性が見えてくるはずです。

自分から関与してみて、それでもダメなら諦める

では、具体的にどうすれば〝ダイナミックな関係〟を築くことができるのか。最後に、そのための具体的なアイデア（アクション）を提案してみます。

・過去の恋愛について語ってみる
・彼の好きな映画を一緒に観てみる
・仕事や家庭環境の話をしてみる
・彼の地元で会ってみる
・彼の友だちを交えて会ってみる
・一緒に山登りしてみる
・ふたりで酔っぱらってみる
・1回セックスしてみる

例えば、こんなアクションを起こしてみるのはいかがでしょうか？

過去に感情を大きく揺さぶられた体験や、時間や労力を費やしてきた仕事や趣味には、その人の内面が色濃くにじみ出ます。また、慣れ親しんだ場所や近しい友人と一緒にいるときの彼が、それまでに見せなかった一面を見せることもあるでしょう。さらに、理性を取っ払って大胆な行動にトライしてみる、なんてことも大いにアリだと思います。大切なのは、相手を掘り下げて、同時に自己を開示していくという姿勢です。

もちろん、こういったアクションを起こしたからといって、必ずしも〝ダイナミックな関係〟が生まれるというわけではありません。相手が自己開示してくれない場合もあるでしょうし、興味関心の方向性があまりにズレているとわかることもあるでしょう。能動的に臨んだうえで気持ちが盛り上がらないならば、無理することはありません。「この人には揺さぶられないし、私もこの人を揺さぶれない」と結論づけて諦めるのみです。

しかし、もしも諦めることになっても、それは決してムダなことではありません。少なくとも現在のモヤモヤは晴れるでしょうし、その経験を通して人に対する勘や判断力が確実に養われていきます。その過程で自然と、クソメンかマトモかという二項対立で悩むこともなくなるはずです。

好みじゃない人と「ひとまず付き合ってみる」はアリ？

お悩み

Yさんが好きだけど、Kくんも捨てがたい

友だちが開いたホームパーティーで知り合ったYさんに片想い中です。その後、私の気持ちを知った友だちが何度か飲み会などを開いてくれて、会って2〜3回目でふと告白してしまいました。しかし、告白を真剣に受け取ってもらえませんでした。一度Yさんが私の家に来たことがありますが、ちょっとイチャイチャしただけで、

肉体関係にはなりませんでした。

その後も、引き続きふたりで飲みに行ったりして、少しずつYさんのことを知っていきました。そしてまた何度か「本当に好き」と伝えたのですが、信じてもらえないというか、のらりくらりとされています。これはいったいどういうことなのでしょうか？　ちなみにYさんは、イケメンではないものの、女に慣れてそうな雰囲気があるのでそれなりにモテそうです。

そうこうしているうちに、別の男性・Kくんから告白されました。ハッキリ言って好みではないですが、話しやすく、笑いのツボや金銭感覚なども合います。付き合ったら優しそうだな、とも思ってます。友だちって感じですけど……。Yさんのことがなければ、Kくんととりあえず付き合ってみると思います。彼氏は4年いません。「今がチャーンス！」なのですが……どうしたらいいでしょうか？


（37歳・麻耶）

麻耶さんは何に悩んでいるのか

麻耶さんは現在、複数の選択肢を手にしています。そして、その中でベストな道はどれか決めあぐねている。どれも捨てがたいが、どれを選んでも後悔するような気がする――。今回の相談文から見えるのは、そんな「タラレバのジレンマ」とも呼べそうな状況です。

相談文にはふたりの男性が登場します。Yさんには片想いをしていて、Kくんからは告白を受けている。タイミングが重なっているため、ふたりのことをつい比べて考えたくなりますが、まずはいったん切り分けて考えていきたいと思います。

最初にYさんですが、麻耶さんはすでに告白をしていて、〈のらりくらり〉とされているのが現状です。こういう曖昧な状態にされると、見込みの有無が悩みの種になります。麻耶さんは何度も気持ちを伝えているわけで、この状況で快い返事をもらえていないとなると、胸中には「やはりダメなのかも……」という思いがよぎっていることでしょう。しかし一方で、ハッキリ断られたわけでもないため、「もしかしたらいける？」という思いも同じくらい存在しているはずです。

例えば、相談文の中の〈ふと告白〉という表現からは「ちゃんと告白しなかったから真剣に受け取ってもらえなかったのでは」という気持ちが読み取れるし、〈ちょっとイチャイチャしただけで、肉体関係にはなりませんでした〉という説明の背景には、「彼はセックスだけが目的ではない」という思いがあるように感じられます。このように、期待と不安が混在していて判断がつかなくなっているのがYさんをめぐる現在地です。

では、もう一方のKくんはどうか。こちらに関しては、Yさんほど詳しく描写されているわけではありません。恋愛感情はないが、人としての相性はとてもいい——。これが相談文に書かれている情報のほぼすべてです。麻耶さんはYさんに片想い中なわけで、普通に考えたらKさんのことは「ごめんなさい」の一択で片づきそうなものです。しかし、Kくんを振るのは〈今がチャーンス！〉の麻耶さんには難しい。なぜなら、Kくんを振ったところでYさんと付き合える保証はないからです。おそらく麻耶さんの頭の中では、「付き合いさえすればそのうちKくんのことを好きになるかもしれない」「このチャンスを逃したら次はないかもしれない」など、いろんなシミュレーションが行われていることと想像します。このように、「付き合うことも断ることもできない」のがKくんをめぐる現在地です。

目の前に広がる3つのシナリオ

現在、麻耶さんの目の前には複数の道があります。おそらく、麻耶さんが今のところ想定しているシナリオは次の3つです。

(1) とりあえずKくんと付き合い、Yさんにもトライし続ける
(2) YさんからイエスをもらいYさんと付き合う
(3) Yさんからハッキリ断られ、Kくんと付き合う

まず(1)に関しては、4年間いなかった彼氏が確実にできるというメリットがありますが、一方で、ある種の罪悪感がネックになります。他に好きな人がいるのに、「とりあえず」Kくんと付き合うのは人としてどうなのか。コレジャナイ感があるのに付き合うのは失礼なのではないか……などなど、様々な方向の罪悪感が生じていることと想像します。

そして(2)は、Yさんと付き合えるのですから、麻耶さんからしたら理想のシナリオに見えるでしょう。また、(3)はYさんにフラれるわけで悲しいシナリオなのですが、その分迷いや罪悪感がなくなるという点で、Kくんと付き合ううえではベストに近い選択肢です。ただし、(2)と(3)はあくまで「Yさんのアクション待ち」という受動的なシナリオのため、その時がいつ訪れるかわからないという大きな問題があります。Kくんがいつまで待ってくれるかの保証もないため、麻耶さんとしては気が気でなくなるでしょう。

このように、どのシナリオも麻耶さんにとってはイバラの道です。さらに、もしもシナリオ通り進んでKくんかYさんと付き合えた場合にも、モヤモヤが発生するのではないかと思われます。とりあえずKくんと付き合ってみても、「Yさんだったら、もっとドキドキできただろうな」という気持ちが抜けないことは容易に想像がつきます。また、もしもYさんと付き合えたとしても、交際する中でYさんからの愛を感じられなかったり、それが原因で何か不安になったりした場合、「Kくんだったら、愛されているという安心感があっただろうな……」と考えてしまう可能性が高い。

Yさんにあって Kくんにないもの。Kくんにあって Yさんにないもの。それらにまるで〝亡霊〟のように取り憑かれ、いつまでたっても悩みから抜け出せない……。どの道も、イバラどころか針の道かもしれません。

では、麻耶さんはどうすればよいのか。こういった亡霊を振り払うために必要なのは、〝決断〟という麻耶さん自身のアクションです。ただし、これは精神論として言っているわけではありません。麻耶さんの希望はYさんもしくはKくんと（楽しく）付き合うことであり、決断はそのためにメリットをもたらすと思うからこそ我々は推奨しているのです。

具体的にオススメしたいのは、

・Yさんをキッパリ諦め、Kくんと付き合う
・Kくんを振り、Yさんにアタックし続ける

のいずれかの道です。

このふたつの選択肢の良いところは、どちらも麻耶さんが主体的に動ける点です。いずれもタイミングを自分で決めることができ、うっかりKくんを逃すということもありません。また、Yさんにトライし続けるにしても、Kくんへの罪悪感がなくなり、心置きなくアタックすることができます。

このように決断は大きなメリットをもたらすはずなのですが、麻耶さんからしたら、メリットよりも困難が先に立つこともよくわかります。そこで最後に、なぜ麻耶さんにとってそんなにも〝決断〟が難しく感じられるのか、その困難の実態を明らかにしたいと思います。実態がわかれば心理的なハードルが下がるかもしれませんし、もし下がらなくても、それによって覚悟を決めることができるのではないかと考えています。

楽しいけど悩ましい「タラレバ」のワナ

麻耶さんは現在、さまざまな可能性を手にしています。Yさんと付き合う可能性、Kくんと付き合う可能性。両方と付き合わない可能性、なんなら両方と付き合えちゃう可能性。この状況が麻耶さんを迷わせ、悩みの原因になっています。

しかしその反面、様々な可能性がある状況は、実は愉快でもあります。「そうなれば……」「こうだったら……」「ああかもしれない……」と、いわゆる「タラレバ」は楽しく、いくらでも妄想を広げることができてしまうわけです。Yさんの言動から期待要素を読み取ってしまうのもこの典型と言えるでしょう。

つまり麻耶さんは、様々な可能性に苦しめられていると同時に、可能性を手放したくもないというアンビバレントな状況にある。相談文の最後にある〈どうしたらいいでしょうか?〉という問いかけは、「自分では決められないから決めてほしい!」という麻耶さんの心の叫びにも受け取れます。

それに対して我々は、「自分で決めましょう」と提案しているわけです。Yさんをキッパリ諦めるのも、Kくんを振るのも、麻耶さんにとって能動的な〝決断〟になります。

決断とは「これに決める」ということですが、同時に「それ以外の可能性を断つ」ことを

タラレバのジレンマ

意味します。Yさんを諦めてKくんと付き合うことは、Yさんと付き合えるかもしれない可能性を断ち切ることだし、Kくんを振ってYさんにアタックし続けることは、Kくんと付き合ったら手にできるかもしれないものをすべて手放すことと同義です。

つまるところ麻耶さんにとって決断が難しいのは、それが「可能性を自ら手放す」ことを意味するからです。

〝決断〟は具体的なアクションを伴う

麻耶さんがハマり込んでいるのは、楽しくも苦しい〝可能性〟という名のワナでした。そこから抜け出すには、痛みを覚悟で〝決断〟という行動を取るしかない。それをしないと、いつまでも「タラレバ」の亡霊に悩まされることになる――。これが麻耶さんのお悩みに対する我々の回答です。

覚悟が決まれば、あとは行動に移るのみです。例えばYさんをキッパリ諦めるためには、「連絡先を消す」「他の男性と付き合うことになったと伝える」といった行動が考えられます。Kくんを振る場合は、「他に好きな人がいる」と告げるのがいいのではないかと思います。それが自分にとっても相手にとっても一番納得する理由でしょう。

その後はYさんに正面からトライし続けるのですから、こうなると純粋に「片想い」の問題になります。したがって最終的には「付き合ってください」と告げてみるしかありません。ただし、その確率を上げるための方法はあります。28ページで紹介している「成功しやすい告白の方法とは？」も参考にしてアタックしてみてください。

いずれにせよ、〝決断〟によって見えてくる道こそが、麻耶さんが進むべき道なのではないかと我々は考えています。

もういっそ、不倫かセフレが一番ラクかも…？

お悩み

上司との不倫を進めるか迷っています

すごく優しくて仕事ができる上司（38歳・妻子持ち）がいます。家の方向が同じなので、タクシー帰りのときはいつも一緒になります。後部座席でいつもひとり分の間を空けてくれるので、この人とは何もないなと安心していました。以前、私が他部署の部長にセクハラをされていたとき、その上司に相談をしました。すると、相手が嫌がらない断り方や、上手い切り抜け方などのアドバイスをくれました。そんな話から、仕事の話まで、何でも話せる上司なのです。

でもある日、距離が縮まってしまいました。会社の飲み会があり、お店を出る間際にトイレに寄ったのですが、みんながお店を出てしまう中、その上司は私を待っていてくれて、キスされました。そしてタクシーに乗り、いい雰囲気のまま肩を抱かれ、「好きだ」と言われてしまいました。それ自体はまったくイヤではなく……でも、妻子持ちということで関係を進めるのはどうかと思っています。

同世代の男性は「しっかりしていない」と思うことが多いです。まず、会話をするときに質問をしてこないし、相談をしても「俺ならこうする」ばっかりですし。そんな同世代と関係を築くのは疲れます。安心感を得るなら、不倫やセフレでも、お互いに納得していれば不幸にはならないかなと思っています。でも、彼氏は欲しいです。

（30歳・まりこ）

「好きだ」という言葉が意味するもの

相談文をひもといていくと、まりこさんが抱えている気持ちの輪郭が浮かび上がってきます。上司に対しては、同世代男子にない安心感に魅力を感じ、「イヤではない」という気持ちを抱いている。しかし、妻子持ちであるという点が引っかかり、関係を進めることを躊躇《ちゅうちょ》している……。

話をややこしくしているのは、上司が言った〈好きだ〉という言葉です。これは明確な「告白」なので、この申し出を受けることは、上司にとってはまりこさんが〝彼女〟になることを意味します。しかし、最後に〈（不倫やセフレもありかもしれないとは思うけど）彼氏は欲しいです〉と言っているように、まりこさんの認識では不倫相手は恋人ではない。つまり、仮に関係を進めたところでまりこさんにとって上司は〝彼氏〟にならないわけです。

このズレは小さくありません。というのも、認識に差があると、まりこさんの言う〈お互いに納得〉できる関係を構築することが難しくなるからです。仮にまりこさんがこの関係を続けつつ他の恋人を探そうとしても、おそらく上司はそれを許さないでしょう。〝彼氏〟としての束縛や干渉がはじまるかもしれないし、当然ですが恋愛にまつわる相談ごとはできなくなります。

つまり、まりこさんが〝彼氏〟を作るにあたっての障害になるばかりか、結果として、上司の魅力だった「安心感」自体も失われてしまう可能性が高いように思います。そのため我々としては、まりこさんが上司を〝彼氏〟と見なせないなら、その関係を進めることは避けた方がよいのではないかと考えます。

また、上司の取った行動を客観的に見ると、彼はかなり危ういことをやっているように思われます。以前セクハラの相談をしてきた、自分のことを尊敬・信頼している部下の女性に対し、待ち伏せしていきなりキスをするという行動は、相手の心に取り返しのつかない傷を負わせたり、男性不信を強化させたりする可能性もあるわけです。不倫にモラルを持ち込んでも仕方ないのかもしれませんし、彼を信頼しているまりこさんの気持ちに干渉するようで申し訳ないのですが、客観的に見ると彼が軽率で危うい男性だと感じられることは指摘しておきたいと思います〈蛇足かもしれませんが、セクハラに悩むまりこさんに対して〈相手が嫌がらない断り方や、うまい切り抜け方〉を勧めるという〈アドバイス〉からは、彼が本質的にはセクハラを否定しないような価値観を持っているようにも感じられます〉。

ともあれ今のところ、まりこさんの中に強い恋愛感情は見受けられません。そうであるならば、焦って関係を進めることはないと思います。相手がフリーの男性であれば、タイミングを逃すと恋人ができてしまう可能性もあるわけですが、上司は不倫なので、とりあえず放っておいても何も問題はないでしょう。

まりこさんが男性に求めているものとは

しかし今回の一件は、まりこさんが彼氏を作るための重大なヒントを示しているように思われます。というのも、まりこさんが上司に感じた魅力は、実はそのまま「まりこさんが恋人に求めているもの」と解釈することができるからです。

なんでも話せて、自分のことを気づかってくれて、会話をするときには質問をしてくれて、相談をしても自分の意見を押しつけてこない――つまるところ、ひとりの人間として関心を向けられ、尊重してもらえること。そういうものを、まりこさんはパートナーに求めているわけです。でも、同世代の男性は自分の意見を押しつけてくるばかりで、敬意も関心も感じられない。それを期待できるのは成熟した年上男性になるが、すると大抵が既婚者になってしまう。だったらもう、不倫かセフレでいいのかもしれない――。これがまりこさんの現在地でした。

しかし、相手を尊重し、人間として関心を抱くことは、はたして年齢を重ねないと取れない態度なのでしょうか？　おそらくそんなことはないはずです。誰だって、例えば憧れの先輩や気心の知れた友人に対してはこの種の眼差しを向け、丁寧に接しているはずです。だからこれは、「年上の既婚男性しかその能力を持っていない」という話ではありません。

かといって、「まりこさんには同世代の男性から関心を持たれるような魅力がない」という話でもありません。もしまりこさんが同世代の男性から関心やリスペクトを得られていないとしたら、それは単に「関係の築き方」の問題ではないかと考えられます。

人間的な興味（＝interestingという感覚）は、センスや目のつけどころ、知識やアイデア、言葉の選び方や行動といった、その人から「出力されるもの」に対して向けられます。そう考えると、男性から関心やリスペクトを得たいならば、まりこさんの知識やセンスが出力されやすいシーンを数多く共有したほうがよいことがわかります。

その観点で見れば、例えばデートは多くの場合、互いを「恋愛的」に探り合う場であり、「人間的」な魅力を伝え合うことに必ずしも向いているとは限りません。

だからまりこさんが彼氏を作るためには、男性と一対一で正面から向き合うことよりも、趣味や特技、仕事やコンテンツといった〝第三者〟を媒介にしたコミュニケーションを心がけたほうが近道ではないかと考えられます。

一対一の関係から〝新しい三角関係〟へ

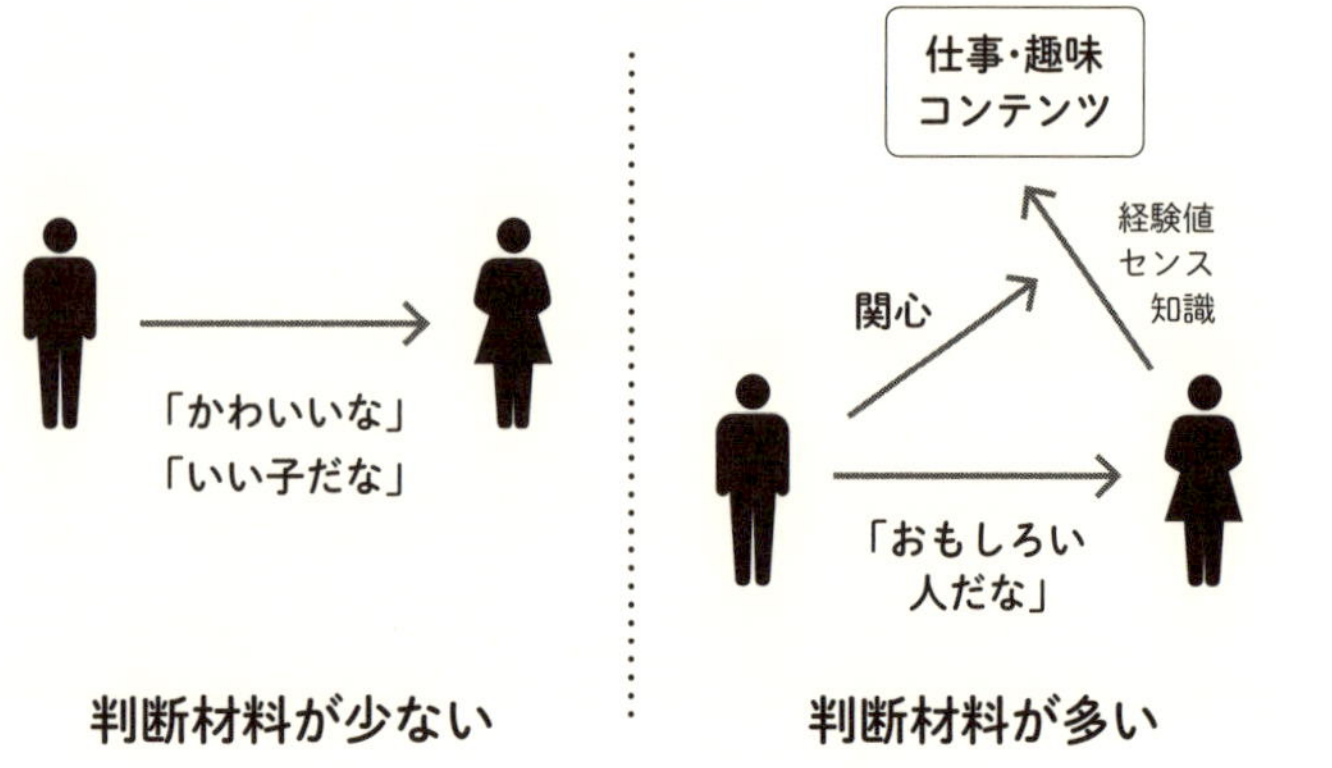

一対一の関係から〝新しい三角関係〟へ

桃山商事ではこれを〝新しい三角関係〟と名づけています。この〝第三者〟のところにはいろんなものが代入可能です。

相手が同じ会社や学校の人であれば、仕事や活動を通じてこういった機会は設けやすいですし、そうでなくても、社会問題や一冊の本について語り合う、イベント運営やボランティアで一緒に仕事をする、同じ資格試験や検定試験に挑戦してみるなど、やり方次第で様々な形の〝三角関係〟を築くことが可能です。

恋愛は基本的に一対一の関係ですが、付き合っても、結婚しても、ずっと一対一で向き合い続けるというのは意外にしんどいものです。

もちろん向き合うのも大事なことですが、好きな映画や本を共有して感想を言い合ったり、ニュースについて語り合ったり、一緒に仕事や勉強をしてみたりといった〝三角関係〟の中で、互いの知識やセンスに対して敬意や関心を向け、恋愛感情を育んでいく。まりこさんにフィットするのは、そういった関係の築き方ではないでしょうか。

まりこさんが求めている〈安心感〉を得るためには、相手からのリスペクトや興味関心は不可欠だと思います。そのためにも、ぜひ〝三角関係〟を作ることにトライしてみてください。

彼氏いるけど「コレジャナイ感」別れず解決できる？

お悩み

彼氏に不満があり、不倫に走ってしまいそうです

フリーのウェブプログラマーです。彼氏いない歴9年を経て恋人ができました。彼は見た目も性格も好みのタイプではないのですが、優しさに惹かれて付き合いま

した。若干ひねくれた面倒臭い性格で、口ばっかりで偉そうですが、そこもかわいいと思っています。自由な私の性格を受け入れてくれて、気が合うなとは思います。

そんなこんなで付き合って1年が過ぎました。他のカップル同様、不満を持ったりケンカをしたりしながら付き合っています。公務員の彼は、自分が日々見ているウェブサイト等々について、「これはダサい」「俺だったらこうする」などよくダメ出しをしていて、私はそれが気になります。それらは自分が仕事で関わったサイトではないのですが、同業者として裏事情を想像すると、いたたまれない気持ちになります。また彼は、映画や雑誌、マンガや音楽などといった創作物に対してもよくケチをつけています。でもまあ、これは彼氏以外でもよくあることなので、気にしすぎないようにしていました。

そんな中、アニメーターの男性と知り合いました。彼は既婚者ですが、ふたりで出かけるようになり、「私に気があるかも？」と思うようなことも多発。彼は正直、好みのタイプです。今の彼氏と別れるほどではないですが、彼のことが気になっています。友だちからは「何かあって奥さんに訴えられたら慰謝料300万とかだよ」と言われましたが、それでもいいかなとかバカなことを考えています……。

（38歳・真由）

真由さんは何に悩んでいるのか

真由さんは〈見た目も性格も好みのタイプではない〉今の彼氏に、どこか納得できていません。相談文からは、真由さんが常に不満感を覚えつつ彼と付き合っていることが読み取れます。そしてその不満感が〈好みのタイプ〉の既婚者の男性と出会ったことで高まり、真由さんに不倫をリアルに検討させています。〈好みのタイプではない〉今の彼氏では満たされていない部分を、〈好みのタイプ〉である既婚者の彼ならば満たしてくれるのではないかという期待が、真由さんの中にあるのだと思います。

このように真由さんは、彼氏や既婚者の男性をめぐる悩みを〝好みのタイプの問題〟に還元して捉えているようです。より詳しく言うならば、〈好みのタイプではない〉から彼氏に不満な部分があるのも仕方ない、〈好みのタイプ〉だから既婚者の彼に惹かれてしまうのも仕方ない、という捉え方です。この発想によって真由さんは、不満感や具体的な問題をやり過ごそうとしているように見えます。そしてこれから考えていきたいのは、そのようにしてやり過ごされようとされている問題についてです。

その問題とは、「創作物に対してダメ出しをする」という彼の言動です。相談文で群を抜いて生々しく記述されていることから、彼のダメ出しが、真由さんの不満感や違和感の大き

真由さんの認識

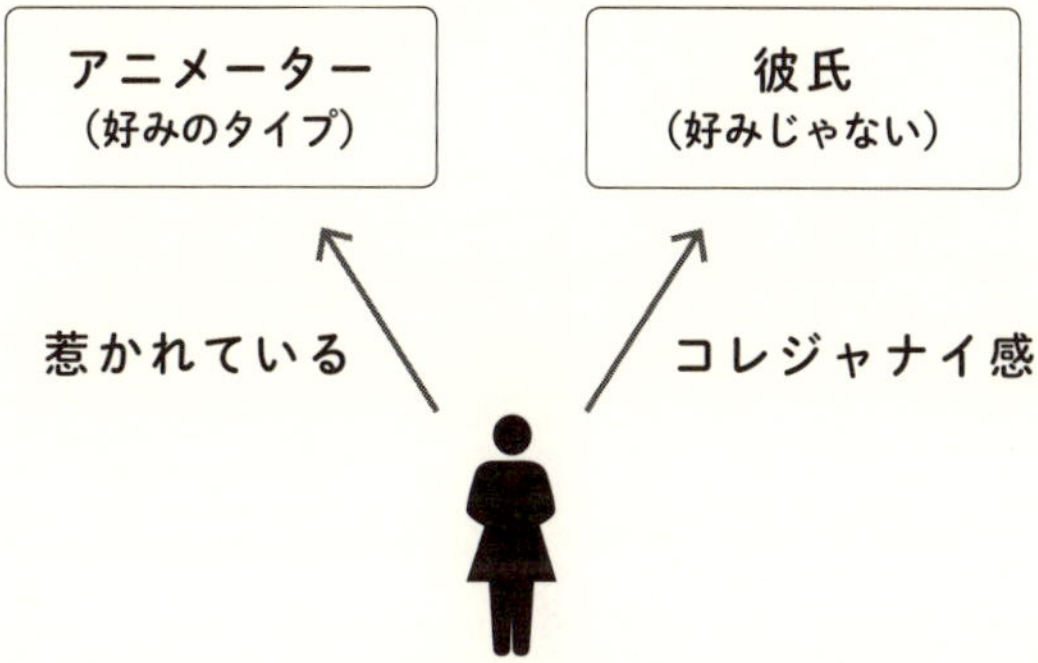

な一因になっていることが推測できます。

しかし真由さんは、このことが気になりつつも、〈彼氏以外でもよくあることなので〉とやり過ごそうとしています。ここにも「彼氏は好みのタイプではない人だから仕方ない」という発想が見て取れます。

それにしても、真由さんがやり過ごそうとしているのはなぜでしょうか。ポイントは、彼の批判の矛先が真由さんやその仕事に直接向けられているわけではないという点です。直接的な批判であればまだしも、これでは反論も反発もしづらい。また真由さん自身も、直接批判されたわけでもないのになぜ自分がそこまで強い不満感や違和感を覚えるのか、その原因をつかみ切れていないのだと思われます。おそらく、これがやり過ごそうとしている理由です。

しかし、不満感や違和感は心と身体が発する危険シグナルなので、このままやり過ごすとどこかに歪みが出る可能性があります（というか、後述するように歪みは既に出ているように見えます）。やり過ごさずに解決するためには原因を捕らえて言語化することが必要です。そこでここからは、真由さんがなぜ彼のダメ出しに強い不満感や違和感を覚えるのか、その原因について考えていきます。

問題は「受け手」「作り手」という帰属先の違い？

まず押さえるべきは、真由さん自身がウェブサイトのプログラマーという「作り手」であることです。相談文には、彼氏のダメ出しに対して〈裏事情を想像すると、いたたまれない気持ち〉になると書かれています。これは、ケチをつけられているウェブサイトの作り手に自分自身を投影しているからでしょう。そのため、彼氏が見知らぬウェブサイトを批判するたびに、自分がダメ出しされているような気持ちになり、少し傷ついたり、また反発を覚えたりしているのだと考えられます。

この構造は、映画やマンガなど他の創作物に対して彼がダメ出ししている場合も同じです。内容の性格や質を考慮せずにザックリ分けるならば、世の中には創作物の「受け手」と「作り手」というふたつのカテゴリーがあり、公務員である彼氏は受け手側に、ウェブプログラマーである真由さんは作り手側に属しています。

こうして見ていくと、真由さんが彼のダメ出しに対して感じている不満感や違和感は、帰属先の異なる人間による、自分の帰属先への批判に対する反発や傷心であると捉え直すことができます。

これは、自分の出身地や出身校、または所属している会社やサークルなどが、他人から納得のいかない批判を受けたときの感情をイメージするとわかりやすいかもしれません。あるいは、古くからの友人のことを、自分の恋人が軽はずみに批評したときの心の動きにも似ています。こういった問題は様々な場面で発生し、ケンカの火種の「定番」とすら言えます。真由さんと彼の対立は「作り手vs受け手」というやや特殊なものですが、対立の構造だけ取り出せば、実は誰にでも起こり得る問題なのです。

また真由さんの中には、受け手である彼氏に対して「何も知らない素人のくせに……」という気持ちもあるかもしれません。これも帰属意識の延長にあるものですが、ダメ出しが気になってしまうもうひとつの要因になっていると考えられます。

もちろん、〈俺だったらこうする〉という、受け手であるはずの彼氏による「作り手視点」の批判に真由さんがイラッとするのは理解できます。ただ、当たり前のことですが、受け手が創作物を批判するのは自由ですし、そのダメ出しに真由さんが作り手の立場から反論してしまうと、「作ってない人間は意見を言ったらいけないのかよ?」と火に油を注ぐことは目に見えています。もっとも、そのことは真由さん自身もわかっているはずで、だからこそ、好みのタイプではないから仕方がない、よくあることだから……とやり過ごそうとしているのだと思います。

しかし、違和感や不満感を放置しておくと、思わぬところで歪みが出ます。相談文を読む限りでは、新たに知り合ったアニメーターの男性に対する真由さんの気持ちの高まりには、その歪みが影響しているように見受けられます。

つまり、同じ作り手であるという〝同胞意識〟が、男性への気持ちに下駄を履かせているのではないか……。不倫の是非や慰謝料のリスクといった一般論よりも、真由さんの感情の抑制と暴走のほうが深刻な問題だと我々は考えています。

彼氏には〝誤射している〟という認識がそもそもない

では、どうすればいいのでしょうか。解決策を考えるに当たって押さえておきたいのは、彼氏は自分のダメ出しや批判が真由さんの反発や傷心につながっているとは夢にも思っていない、という点です。サイトや創作物の作り手に向けて放ったはずの〝銃弾〟が、知らぬ間に真由さんの一部に当たっている……。彼氏はこのような〝誤射〟をしていることをまず認識する必要があります。

そのためにオススメしたいのが、「ダメ出しが不快であることをストレートに伝える」というアクションです。先ほどから銃弾のたとえを出していますが、ダメ出しなどの「批判」は必ず攻撃性を伴います。したがって、それに対して「悲しい」「怖い」「腹立たしい」といった気持ちになるのはごく普通の反応と言えます。彼の攻撃的な批判に真由さんが我慢する必要はありません。「気になる」のであればその気持ちをやり過ごさずに言語化し、彼氏に伝えてみる。自覚のない相手にはストレートに告げることが効果的です。

その際に気をつけたいのは、「作り手側の事情」を持ち込まないことです。たとえ不快な内容であっても彼氏には批判する自由がありますし、また作り手というプロの立場から素人の彼氏に議論を仕掛けてしまうと、今度は逆に「受け手」全体への攻撃になってしまいかねません。そのような議論自体が悪いわけではありませんが、ここでの目的はあくまで誤射に気づいてもらうことなので、「あなたのダメ出しが悲しい」と、個人的な感情を伝えるに留めておくほうがベターでしょう。

どんなに近しい相手でも属している集合は異なる

さてここまで、真由さんがやり過ごそうとしている彼のダメ出しと、それに対してなぜ真由さんが不満感や違和感を覚えるのかを考えてきました。繰り返すようですが、ここで見てきたことは誰の身にも起こり得る問題です。なぜなら、私たちはそれぞれがたくさんの帰属先を持つからです。たとえば国籍、性別、地元、会社、趣味の世界、思想信条など、実態のあるものから抽象的なものまで、あるいは大きなものから小さなものまで、挙げていけばキリがありません。

一方で、恋愛関係は基本的に一対一のミニマルな関係であり、他の集合から切り離された密室的な状況の中でコミュニケーションがなされます。そうして作られるプライベートな空間自体が恋愛関係のひとつの価値ではあるのですが、密室ゆえに相手（と自分）が様々な集合の一員であることを忘れがちです。そのため、それぞれが所属する集合やそのメンバーに対する不用意で軽率な批判により、怒ったり傷ついたり、逆に怒らせたり傷つけたりするということがしばしば起こります。

もちろん、的を射た批判には価値があるし、思っていることを言い合えないような関係性は窮屈で楽しくありません。大切なのは、どんなに近しい関係性であってもお互いが拠って立つところに違いはあるという現実を認識し、相手の気持ちに対して想像力をできる限り働かせることだと思います。

真由さんの抱えるお悩みについて考えるうちに図らずも話が大きくなってしまいましたが……我々も過去の失敗を思い出しながら自戒の念を込めて書いた次第です。

そして、ここまで来るともはや蛇足かもしれませんが、アニメーターの既婚者の彼とのことは、今の彼氏との問題が（改善するにせよ清算するにせよ）ひと段落してから考えても決して遅くはないと思います。なんといっても相手は既婚者なので、多少放っておいても状況はあまり変わらないはずですし、もし本当に不倫するならば、そのくらい図太い神経で臨んだほうがいいのではないかと思います。

なぜ恋バナを聞き続けているんですか？

――失恋ホストは無償でやっていますが、慈善事業というのとも違うと思います。何が活動のモチベーションなんでしょうか。

清田　相談料などは特にかかりませんが、その代わり聞かせてもらったエピソードはコラムやラジオで使用させてもらうという前提で相談者さんと会っています。特に僕は文筆業なので、ある意味では仕事と直結している活動とも言える。ただ、究極的には「単におもしろいから」というくらいしか理由がないかもしれない（笑）。

森田　そうなんだよね。あと個人的には、ひとつひとつのエピソードに対する、たぶん民俗学っぽい興味があって。

――民俗学、というと？

森田　恋愛って「私とあなた」という極めて閉鎖的な世界で繰り広げられるものですよね。我々はその一端を聞かせてもらっているわけですが、ひとりの人が真剣に悩み、恋愛相手とバチバチぶつかり合って生まれたエピソードは本当に濃厚で豊かなんですよ。笑えるのも多いし。でも、それって誰かが聞かなきゃただ消えてっちゃいますよね。それがすごくもったいないなと。だから聞き集めて記録に残したり、いろんな話をつなぎ合わせたりして、恋愛や人間そのものについて考えたいという思いがあります。

――清田さんはいかがですか？

清田　個人的には〝共感〟という行為に興味があります。これは結構奥深くて、単に「わ

ひとりの人が真剣に悩み、
恋愛相手とバチバチぶつかり合って
生まれたエピソードは本当に濃厚で豊か。

かるよ」って相づちを打てばいいというものではなく、「相手に見えている景色」が同じように見え、「相手が何にどう悩んでいるか」が読み解けてはじめて成立するものではないかと考えていて。我々がこの本で「相談者さんの現在地」にこだわっているのもそれで、そこを理解しないことには先に進めないという感覚がある。逆に言えば、共感が成立すると我々と相談者さんの間に「今、俺たちには同じ世界が見えてるよね！」というグルーヴ感のようなものが生まれる。これがめっちゃ楽しいんですよ（笑）。

――これまで聞いてきた恋バナには、例えばどういうものがあるんですか？

森田　大きく分けると2種類あって、ラジオやコラム用にこちらから取材をするケースと、相談者さんから申し込みを受けて失恋ホストの場で聞く話があります。例えば我々のポッドキャスト番組『二軍ラジオ』用の取材では、旅行をめぐる恋人とのトラブル、恋愛における自主規制の問題、女性たちのワンナイト体験、恋人に取ってしまった軽率な行動、恋人との間で行われている密かな遊び、彼氏をダサいと感じた瞬間……などなど、これまで様々なテーマでエピソードを取材してきました。

――かなり幅広いですね。

清田　どんなニッチなお題であっても、「あ～、ありますね」ってザクザク話が出てくるのがおもしろいところなんですよ。

森田　恋愛って「付き合った／別れた」もしくは「どうやったらモテるか」ばかり語られがちだけど、切り口を変えればいくらでも問題が出てくる。そこを探究したいというのもモチベーションのひとつですね。

第３章

男ってなんなの？

こんなアナタに…

男の考えてることがわからない

彼氏と話し合いができない

男性のことが苦手

男にモテる方法を知りたい

男ゴコロを学びたい

男の人ってなんですぐ不機嫌になるの？

お悩み

私は何か悪いことをしたのでしょうか

上司にも同僚にも、職場だというのにすぐ不機嫌になって〝話しかけるなオーラ〟を出してくる男性がたくさんいます。

恋人だって、何か地雷を踏んだのか急に不機嫌になることがあります。しかも、機嫌が悪いかどうかたずねると、いつも「別に悪くねーよ」と言われます……。

これってどういう心理状態なんでしょうか？　男性はどんなときに機嫌が悪くなるの？

（29歳・洋子）

洋子さんは何に悩んでいるのか

恋愛でも仕事でも、「すぐ不機嫌になる男」に困っている女性は少なくありません。実際、桃山商事のもとにもこの種の話やお悩みが数多く寄せられます。

洋子さんは不機嫌になる男性の心理状態とそのタイミングを知りたがっています。また、〈地雷を踏んだ〉という表現が示すように、自分に原因があるかもしれないとも疑っている。これが洋子さんの現在地です。

このような悩みが発生するのは、とにかく「わからない」からです。そして、その「わからない」はおそらく次の3つに分解することができます。

（1）不機嫌になった理由がわからない
（2）不機嫌になった理由を説明しない理由がわからない
（3）対処方法がわからない

まず（1）ですが、男性が不機嫌になった理由を女性がわからないのは、男性が説明しないからです。これはとてもシンプルですね。もちろん、不機嫌になるポイントが謎過ぎるという問題もあるのですが、謎であっても説明さえすればわかるのですから、やはり「説明しないから」ということになると思います（男性の不機嫌ポイントについては後述します）。

では、（2）はどうでしょう。洋子さんからしたら、「何か不満があるなら言えばいいのに……」「なんで黙ってんの？」という話だと思います。これは我々の実感なのですが、女性たちの恋バナを聞いていると、ディテールの細かさにいつも驚かされます。例えば「彼氏とケンカした」という話にしても、その経緯やきっかけはもちろん、彼がどのようなことを言い、それに対して自分がどう感じたのかを、臨場感たっぷりに伝えてくれます。自分の経験や感情を言語化することに長けているなと、いつも感じます。

そのような女性がもしも不機嫌になったとしたら、自分の状態や不機嫌の理由について、相手に説明することは難しくないでしょう。たとえ事情や感情が複雑なものであっても、少

〝負の勘繰り〟が生まれる構造

自分は感情や理由を
言語化して説明できる
男も同じでしょ？
しかし、男の説明は
イマイチ要領を得ない
何か隠してる!?

なくとも説明を試みようとはするはずです。

だからこそ、なぜ男性が不機嫌の理由を説明しないのかがわからないのでしょう。たとえ「別に不機嫌じゃねーよ」と言われても全然納得できないし、それどころか「説明しないのには何か理由があるのでは？」「もしや何か隠してる!?」というように、モヤモヤした気持ちがどんどん膨らんでいってしまう。この〝負の勘繰り〟が止まらなくなることも、男性の不機嫌が生む苦しみのひとつではないかと思われます。

それにしても、なぜ男性はすぐ不機嫌になるのでしょうか。ひと口に不機嫌と言っても様々な種類がありますし、その理由も人それぞれ異なるため、究極的にはケースバイケースとしか言えません。

しかし、男性に特有の「不機嫌になるポイント」は確かにあって、パッと思いつくだけでも……

・**プライドが高いため、自分の誤りを認められず、とりあえず不機嫌になる**
・**コントロール欲求や「自分ルール」へのこだわりが強いため、思い通り進まないとイライラしてしまい、不機嫌になる**
・**一度に複数のことを考えるのが苦手なため、忙しくなるとすぐにテンパってしまい、不機嫌になる**
・**生理的ストレスへの耐性が弱いため、空腹や眠気を感じると他のことを考えられなくなり、不機嫌になる**

などなど、いろいろ出てきます。今回はこのように、我々としても自戒を込めた回答で、段々気が重くなってきているのですが……目の前の相手とはまったく関係ないところに不機嫌の原因があることもしばしばで、複数の要素が絡み合って不機嫌が発生している場合も多々あります。

しかしそのような状態にある当の男性は、自分がなぜ不機嫌になっているか、その理由を具体的に把握できていないことが多い。なぜなら、我々男性は、自分の中にわき起こる感情を言葉にするのが苦手な傾向にあるからです。

先に「女性は自分の経験や感情を言語化することに長けている」と書きましたが、これに関しては圧倒的な男女差があると感じています。

我々は男性に恋バナを取材する機会も多いのですが、彼らはざっくりした事実関係を列挙するだけで、そのときに自分がどう感じたかを語ってくれることはほとんどありません。こちらから質問しても「よくわからない」「細かいことは忘れた」と言うだけです。我が身を振り返っても思い当たるところがあるのですが、感情を逐一言語化してきていないため、記憶として定着しないという側面もあるのではないかと思われます。

端的に言うと多くの男性は、自分がなぜ不機嫌になっているのか、その理由が「わからない」のです。「不機嫌になった理由を説明しない理由」もここに起因していて、「わからない」ことは説明できないわけです。先に述べたように、女性は「男の人も感情やその理由を言語化できる（しようとする）はずだ」と考えがちですが、それは的外れな期待かもしれません。

しかし、ここは少しややこしいのですが、「不機嫌な感情になること」と、「不機嫌な感情を態度に表すこと」は、よく考えると異なる次元にあります。そして、「不機嫌な感情」の理由は多様で捉えどころがありませんが、「不機嫌な態度」の理由はひとつしかありません。

不機嫌になる＝便利な手段

多くの男性が簡単に「不機嫌な態度」を取る理由。それは、「不機嫌な態度」を取ることが自分たちにとって〝便利な手段〟だからです。

不機嫌になれば要望が通るし、プライドが保てるし、相手が自分に合わせてくれる。そのため問題と向き合わずに済み、体裁を取り繕うためのコストもかからない――。そういう都合のいいことを経験的に知っているため、「なんかムカつく」「なんか不満」「なんかイライラする」といった〝言語化できないネガティブな感情〟に陥ったとき、男性は不機嫌になるという便利な手段を多用するのです。

これは赤ちゃんが、お腹が空いたときやおむつが汚れているときに泣いて訴えるのと似ています。もちろん赤ちゃんとは異なり、不機嫌になったところで母親がその原因を取り除いてくれるわけではないのですが……。

そんな赤ちゃんのような男性を目の前にした場合、女性はどう対処していけばよいのでしょうか。洋子さんのように、「機嫌が悪いかどうかたずねる」ことは、泣いている赤ちゃんをあやす母親的態度と言えます。それに対する〈別に悪くねーよ〉という彼氏の返答は、まさに赤ちゃん的態度で同じ男性として死にたくなってきますが……いつまでもこのような

不機嫌な態度は〝便利な手段〟

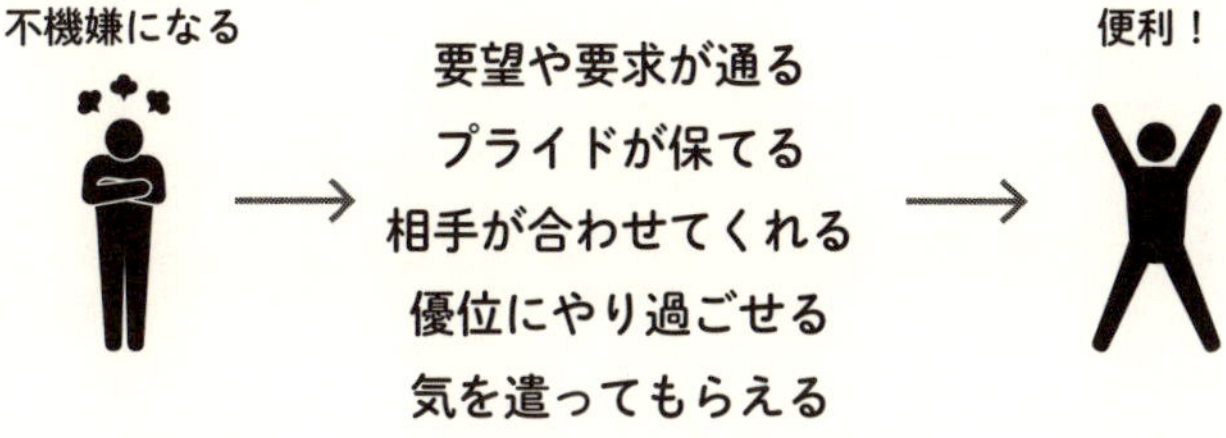

やり取りを続けても、洋子さんが先に進めないことは明らかです。では、どうすればよいか。

相談文に戻ると、洋子さんは〈何か地雷を踏んだのか急に不機嫌になることがあります〉と悩んでいます。理由もわからず急に不機嫌になられる経験が重なると、どんどん話題を選ぶようになり、コミュニケーションがとても窮屈になっていくはずです。これでは持続的な関係を築けるわけがありません。

近しい男性とは、なるべく良好な関係を築いていきたいもの。そのためには、洋子さんだけが我慢したり適当にやり過ごしたりする一方向的な対処だけでは難しいのではないかと思われます。

では、お互いが行う双方向的な対処法とは何か。それは「話し合う」という、ごくシンプルな対処法です。

「なぜ？」と問うても逆効果かも……

しかし、相手は不機嫌になっている赤ちゃんみたいな存在です。「そもそも話し合いにならないから困ってんだよ！」という話だとも思います。

ポイントになるのは、その「話し合い方」です。不機嫌な相手と話し合おうと思うと、洋子さんのように、つい「なぜ不機嫌なのか？」ということを問いかけてしまいがちです。もちろんそれはもっともな問いかけなのですが、先に述べたように、彼はおそらく自分が不機嫌になっている理由がわかりません。

また、「なぜ？」と聞かれると、「理由を問われている」ではなく「何か責められてる！」と捉える傾向が我々男性にはあります。したがって、ますます彼の殻のトゲが固くなってしまう可能性が高いわけです。

そこでオススメしたいのが、「なぜ？」と問う代わりに、「あなたに不機嫌になられると怖い」「私は悲しい」「精神的にしんどい」という気持ちをそのまま伝える、という方法です。

不機嫌になるのは、言語化できないネガティブな感情に陥ったとき、目の前の問題をやり

男は「なぜ?」をこう捉える!

過ごすための便利な手段でした。しかし、それと引き換えに大きな代償を支払っていることに、おそらく本人は気づいていません。その代償とは「相手との信頼関係の悪化」です。そして、その代償を明確に伝えることが、不機嫌な男性へのもっとも効果的な対応になるはずだと、男性であるところの我々は考えています。

つまり、「あなたが不機嫌になるのは自由だけど、あなたに対する信頼メーターはその都度目減りしている。このまま信頼がゼロになってしまったらどうなるか、よく考えてください」ということを、ハッキリ伝えるわけです。

これまで女性から聞いてきた話や、我々自身の経験を振り返ってみても思うことですが、男性は「この人に嫌われることはないだろう」と思っている相手ほど、不機嫌を発動しやすい傾

信頼メーターは目減りしていく

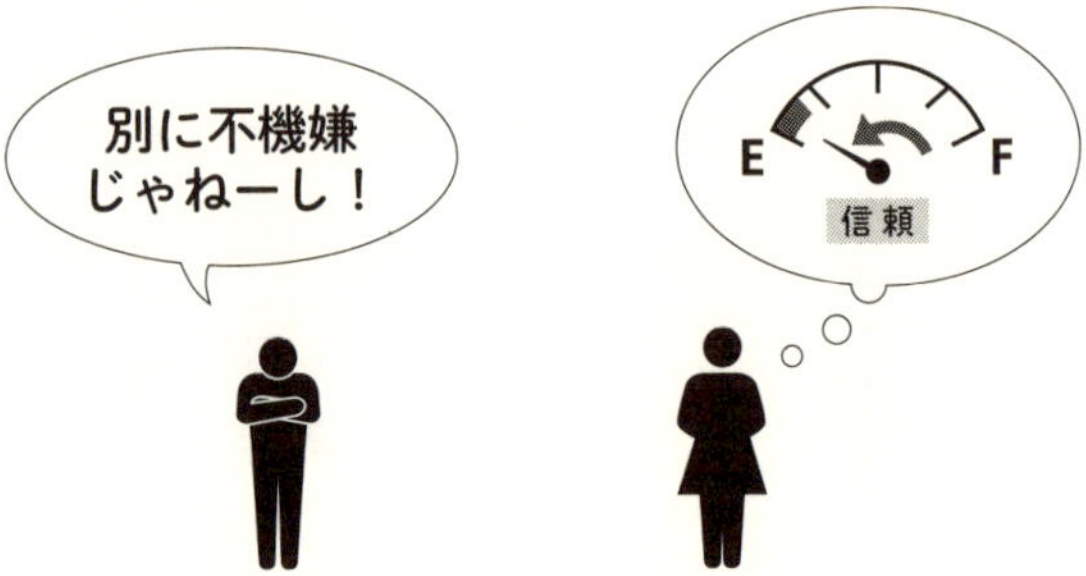

向があります。言ってしまえば、これは完全なる油断と甘えです。そこであえて突き放すように、甘えの行き着く先には「別れ」があるということを伝え、自分が不機嫌な態度を取ることで何を代償にしているのかを自覚させることが効果的だと思うわけです。

「怒る」と「不機嫌」の違い

ところで、「怒《おこ》る」と「不機嫌になる」は似て非なるものです。「怒る」という行為には、自分の主張を相手にわかるように伝える義務や、伝えたことに対する責任、切り出すことのストレスが伴います（そのような義務や責任を果たしていない「怒る」という行為は、単なる暴力です）。一方の「不機嫌になる」は、そういったものを一切背負わないで、相手に都合良く理解しても

「怒る」と「不機嫌」の違い

怒る	不機嫌になる
主張を伝える義務	俺は悪くない
論理的な説明	心中を察しろ
気まずくなる覚悟	お前が変われ
切り出すストレス	早く終わらせて

らったり、変わってもらったりすることを暗に強制する態度です。

その意味でも不機嫌になることは赤ちゃんが泣いて訴えることに似ているのですが、しかし、赤ちゃんと母親の関係と、大人の男性と女性の関係とでは、決定的に異なる部分がひとつあります。それはほとんどの場合、女性よりも男性のほうが「腕力が強い」ということです。

恋愛や夫婦関係はある種の〝密室〟であり、そこでカップルや夫婦は互いに生身で相手と対峙します。そのような状況で腕力や体格で勝る側が不機嫌になれば、たとえ直接的な暴力行為を行ったことがない場合でも、相手は恐怖や不安を感じる可能性が極めて高いはずです。

これは失恋ホストなどの際に多くの女性から聞く話なのですが、男性に不機嫌になられたときに女性がイヤな気持ちになるのは、接しづらさや空気の悪さだけでなく、男性があまり感じることのない恐怖や不安といった感情も大きいのではないかと考えられます。

今回の話に対して、「女だってすぐ不機嫌になるだろ！」といった声も聞こえてきそうですが、我々はここで「女性は不機嫌にはならない」ということを言いたいわけではありません。そうではなく、理不尽な理由ですぐに不機嫌な感情になる男性が、なぜ驚くほど簡単に不機嫌な態度に出ることができるのか、その理由を考えたいのです（我が身を振り返りつつ……）。

赤ちゃんがすぐ不機嫌になって泣いて訴えるのは、異常に気づかれなければ生きていけないという、いわば生存を賭した「甘え」と言えます。それに対して、気に入らないことがあるとすぐ不機嫌になる男性の態度は、腕力差を拠りどころにした「甘え」だと見ることができるでしょう。すぐ不機嫌になれてしまう男性は、どこかで腕力差や体格差を自覚し、利用しているのです（ちなみにこれは、「すぐに不機嫌になる上司」にも同じことが言えます。この場合は、腕力ではなく権力や立場の差が非対称になります。「すぐに不機嫌になる男性の上司」は、女性にとっては両方の要素があるので本当に厄介な存在と言えます。そこからさらに踏み込んで考えると、恋人や妻に対してすぐ不機嫌になる男性の一部には、「女よりも男のほうが偉い」という差別的な価値観を、なんの疑問もなく持っている人がいるように思います）。

すぐ不機嫌になる男性に対して恐怖や悲しさを伝えることは、「この状況をどうするかはあなた自身で考えて」と突き放すことであり、「相手を尊重する大人になってください」という成長を要求することでもあります。

もちろん、洋子さんが相手の不機嫌に悩むのは、基本的にその人のことが大切だからだと思います。大切な相手と良い関係を築くためには、ときに緊張感も必要だということで、ひとつキリッと決めてみてください！

〝自分濃度〟のバランスを探る

男にとって〝重い女〟ってなんですか？

お悩み

いろんな男性から「重い」と言われます

先日、男友だちに恋愛相談をしていて、片想い中の人に送ったメールを見せたところ、「重っ！」と言われてしまいました。

元カレからも「ちょっと重い」と言われたことがあるし、飲み会の席で職場の男性から「付き合ったら重そう」と冗談交じりに言われたこともあります。普段の態度から重さがにじみ出てしまっているのでしょうか……。
重たい言動って具体的にどんなものですか？　できれば卒業したいけど、〝重い〟ってなんなのかよくわからなくなってしまっている今日この頃です。

（27歳・桃子）

ふたつの発想から読み解けること

相談文には、桃子さんが複数の男性から〈重い〉と言われた経験がつづられています。桃子さん自身にハッキリした自覚はないものの、「みんなが重いと言うのだから自分はきっと〝重い女〟なのだろう……」と認識し、そこから〈卒業したい〉と願っている。でも、具体的にどうすればいいかわからない——。これが桃子さんの現在地です。

桃子さんの相談文からは、ふたつの特徴的な発想が読み取れます。

ひとつは〈重い言動って具体的にどんなものでしょうか〉という発言に見られる〝チェックリスト的発想〟です。これは、世の中には「こんな発言や行動をしたら重い女」という禁止事項の〝チェックリスト〟が存在しているという考え方です。桃子さんには、自分がリス

桃子さんに見られる2つの発想

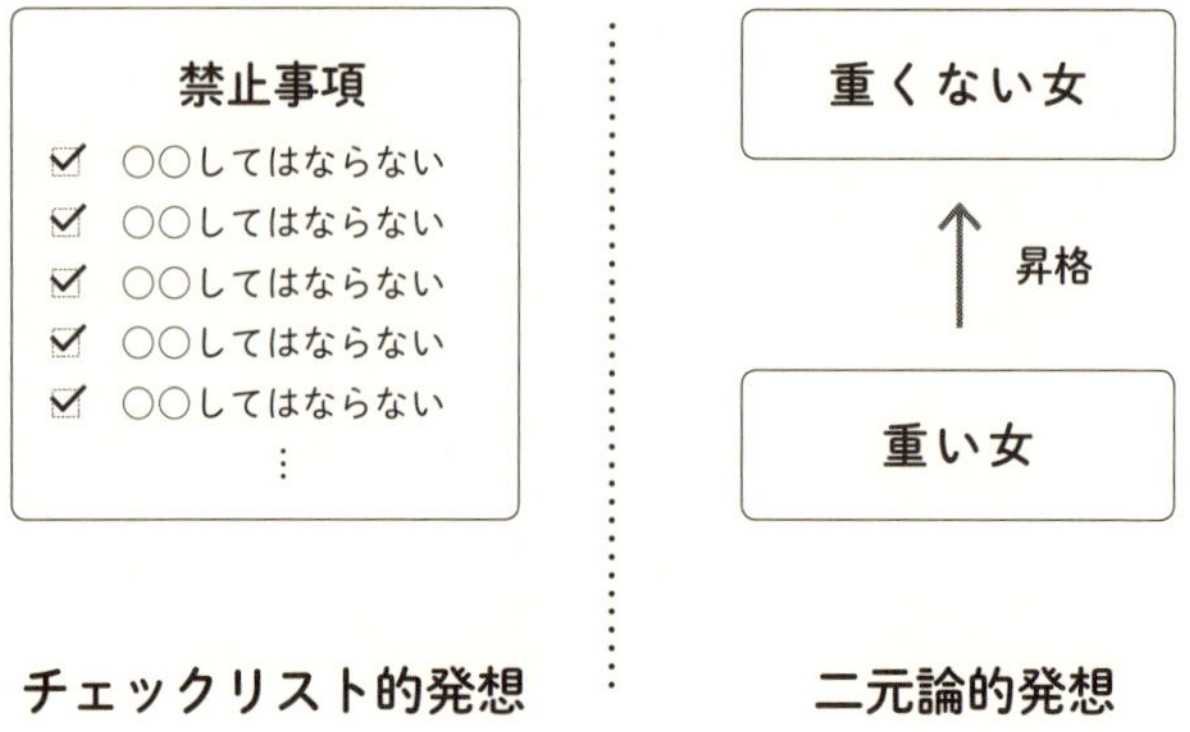

トに載っている行動や発言を、知らないうちに行ってしまっているのではないかという恐れがあるように見えます。

もうひとつは〝二元論的発想〟です。これは世の中には〝重い女〟と〝重くない女〟の2種類がいるという発想で、〈(重い女から)卒業したい〉という言葉が示すように、自分が属する〝重い女〟を下に位置づけています。

これらをまとめてみると、桃子さんの中には「自分はチェックリストに載っている行動や発言を行っているため、重い女になってしまっている。そのリストの項目を学んでクリアすることができれば〝重い女〟を卒業し、〝重くない女〟へと昇格できる」という考えがあることが見えてきます。

では、仮にチェックリストが存在するとしたら、具体的にどんな行動や発言が禁止されているのでしょうか。

・LINEやメールの返事がないと催促の連絡をする
・出会ったばかりの相手に深刻な相談をする
・自分の好意を全力で相手にぶつける
・恋人に対して「自分は我慢している」ということを伝える

あくまで一般論ですが、例えばこのような項目が挙げられるでしょう。このチェックリストをクリアするための方法としてまず考えられるのが、「重いと思われる行為をやらない」という方法だと思います。

しかし、これは現実的な対処法だと思えません。なぜなら、重いと感じるポイントは人によって様々だからです。ある言動を「重い」と感じるかどうかは、その人の考え方やその時のコンディション、あるいは両者の関係性によって変わってきます。つまり禁止事項は無限に想定できるため、どこまで行ってもキリがないのです。これは〝チェックリスト的発想〟の構造的な問題とも言えます。

さらに、そうやって無限に想定される禁止事項を意識しながら男性と接したとしても、気持ちが常にビクビクしてしまい、コミュニケーションがとてもつまらないものになってしまうでしょう。

「重い」にあって「重くない」にないものとは

だとすれば、どうしたらいいのでしょうか。無限に広がる〝枝葉〟をひとつずつ摘んでいくのが無理ならば、それらのもとにある〝根っこ〟を押さえるというのはどうか……。

我々が推奨したいのは、「重い」と感じられる様々な言動の中にひそむ共通点を見つけ、その正体を見極めていくというアプローチです。

例えば、前のページで挙げた4つの項目に共通するものはなんでしょうか。それがわかればチェックリストの根っこも見えてくるはずです。少し回り道になりますが、その共通点を探すために、真逆のケース、すなわち「重くない」言動について考えてみたいと思います。

例えばさっきのチェック項目を裏返せば……

・LINEやメールの返事がなくても気にしない

・出会ったばかりの相手には深刻な話はしない

・自分の好意を表に出さない

・恋人に対して「自分は我慢している」ということを伝えない

となります。こういう言動や態度ならば、相手が「重い」と感じることはないはずです。そして、「重い」にあって「重くない」にないものを探していけば、チェックリストの根っこが見えてきます。

まず、「重い」言動を見ると、それぞれ不安や悩み、好意や要求といったものが乗っかっていることがわかります。これらは、当たり前ですが「自分の」ものです。

・（自分の）不安

・（自分の）悩み

・（自分の）好意

・（自分の）要求

つまり「重い」言動には〝自分自身〟が色濃く反映されていることがわかります。一方の「重くない」言動には、不安や悩みが出ていないため、〝自分自身〟がまったく反映されていません。

これが、「重い」にあって「重くない」にないものです。すなわち、言動に〝自分自身〟がにじみ出たとき、相手はそれを「重い」と感じるのではないか……。これが我々の考える〝根っこ〟です。

「重い」が発生するメカニズム

そう考えると、「重い人」というのは、言動に自分自身を過剰に乗っけてしまう人のことを指すのかもしれません。なんでも自分というフィルタを通さないと納得できない。自分の気持ちや状況を相手に伝えたいという気持ちが強い。「私ならこうする」「私の場合は」といった具合に、何ごとも自分に引きつけて話す……。こういう傾向のある人は、相手に「重い」と思われる可能性が高いと言えそうです。

桃子さんが片想い中の人に送ったメールを見て友人が「重い」と感じたのは、自分自身（＝桃子さん自身）のことが、彼氏でもない人に送るにしてはやや過剰に書かれていたからかもしれません。

例えば「近況報告」は、自分にとっては他愛ない内容でも、関係性によっては相手に重く

「重い」が発生するメカニズム

感じられてしまうことがあります。近況報告とは、まさに自分自身に起きたことだからです。

また、飲み会の席で「付き合ったら重そう」と思われてしまったのは、何気ないひと言に自分が色濃く出ていたからかもしれません。

おそらく相手は、桃子さんの言葉に込められた〝桃子さん自身〟を感知し、それを受け止めることに負担感を覚えてしまうのではないか……。これが「重い」という感覚が発生するメカニズムだと我々は考えています。

だとすると、対策はそれほど難しくはありません。要するに、なるべく〝桃子さん自身〟を出さないようにすればいいわけです。具体的には、

・主語を「私」にしない

・あまり自分に置き換えて話をしない
・客観的な視点を心がける
・感情や欲望を表に出さない

などといったことが考えられます。このように、言動に自分が色濃く反映されないように心がけることによって、相手から「重い」と思われる確率を下げることができるはずです。

重くない恋愛なんてあり得るのか

ここまで、桃子さんの相談文を読み解きながら、「重い」と思われてしまう要因について考えてきました。そして、「重い」か「重くない」かは、言動に自分自身がにじみ出ている濃度の差によるものであるというのが我々の見解でした。

今回は「重い」が桃子さんの悩みの種になっていたため、どちらかというとそれをネガティブなものとして扱ってきましたが、ここで改めて考えたいのは、はたして「重い」は本当にダメなことなのか、ということです。桃子さんの中に見られる〝二元論的発想〟のように、「重い」は「重くない」よりも下に位置づけられるべきことなのでしょうか？

重さが〝自分濃度〟のことだとするならば、誰にだって重さはあるわけです。だから、原理的に重さをなくすことは無理でしょう。もっと言えば、相手の言動を重く感じるのは、自分の中に存在している自分自身の重みをその人が知っているからです。

恋愛をすれば、誰だって否が応でも自分の気持ちと向き合うことになります。また、自分のことを相手に理解してもらいたいという願望も出てきます。そして、そうやって考えれば考えるほど、言動には自分自身が色濃くにじみ出てしまいます。つまり恋愛をすれば、もっと言えば真剣になれば、誰だって重くなるわけです。

それを抑制するということは、感情の表現を我慢することであり、かなりストレスフルなことだと思います。大切なのは、相手との関係性を見極めながら〝自分濃度〟を調整できるようになることであり、自分の重さ自体を否定する必要はありません。

そもそも、重くない恋愛なんてあり得るのでしょうか。

森田はかつて、重さをまったく感じさせない女性と付き合った経験があります。彼女はかわいらしくて、いつもニコニコしている人でした。しかし、感情を表に出さないため、何を感じ、考えているのかが掴めず、何をしたいのか、何をして欲しいのかもイマイチわかりませんでした。森田は彼女と付き合っている間、常に不安に苛《さいな》まれていました。結果的には数か月でフラれてしまったので踏んだり蹴ったりだったのですが、別れたときはつらかったものの、心はむしろ穏やかになりました。相手からあまりに重さをかけられない恋愛も、実はつらいものなのです（ただ、今になって振り返ってみると、彼女に何か問題があったのではなく、彼女の重さを受け入れるような態度や姿勢を森田が取れていなかっただけなのではないかという気もしますが……）。

ともかく、重さのない恋愛も、それはそれでキツいものであることは確かです。そう考えると、互いの重みを感じ合うことが恋愛の本質だとさえ感じます。

男は重さを伴うコミュニケーションに慣れていない

最後に、なぜ「重い」を嫌う男性が多いのかという疑問について考えてみたいと思います。我々は失恋ホスト活動を通じ、桃子さんのようなお悩みを何度も耳にしてきました。別れ際に彼氏から「ずっと重いと感じてた」と捨てゼリフを言われたり、セフレのような関係になっている相手と話し合いを持とうとしたら「重てえんだよ！」と吐き捨てるように言われたり……。その後の彼女たちが桃子さん同様「自分は重い女なのか……」と気にし続けていた様子を見ると、「重い」はつくづく呪いの言葉だなと感じます。

「重い」を嫌う男性が多い理由はいろいろあると思いますが、中でも大きいのが「感情をやり取りするコミュニケーションに慣れていないため、相手の気持ちを受け止め、それに対してリアクションしていくことがうまくできない」という傾向です。受け止め方もわからないし、受け止めるためのキャパシティも広くないため、どう対応していいのかわからず困惑し、「そんなの知らねえよ」「マジ面倒くせえ」「俺にどうして欲しいわけ？」となってしまう……。こういう傾向が確かにあるように思います。

この問題に関しては我々男性自身が向き合って解決することが何よりも必要なわけですが……もしも相手の男性が感情のやり取りに慣れていないのだとしたら、むしろ自分自身を少しずつ出していってみるのが有効かもしれません。それによって相手が重さに慣れていくことができるからです。

重さは真剣さの表れでもあるので、重くたっていいじゃないか、人間だものということで、できるならば自分を出すことを抑えすぎずにコミュニケーションしていくことをオススメいたします。

〝男性的な嫉妬〟への対処法を考える

お笑い芸人にヤキモチ…男の「嫉妬」っていったいなんなの？

お悩み

彼氏のジェラシーが意味不明です

男の人ってすぐ嫉妬しますよね？　しかも、くだらないことで嫉妬しすぎだと思います。

この間なんて、私が『アメトーーク！』を見て爆笑してたら、彼氏がなぜか不機嫌になってしまい……。これも一種のヤキモチだと思うんですが、テレビの中の人に嫉妬してどうするんでしょうか？

まったく意味がわかりません。嫉妬に関するオトコ心を教えてください。

（31歳・鈴香）

彼氏の嫉妬の「わからなさ」

鈴香さんは、彼氏が嫉妬心を抱いていることはわかっています。しかし、彼が何に嫉妬しているのかイマイチ意味がわからず、困惑している。これが鈴香さんの現在地です。

男女限らず、嫉妬は誰もが抱く感情です。広辞苑によると、嫉妬には、

（1）自分よりすぐれた者をねたみそねむこと
（2）自分の愛する者の愛情が他に向くのをうらみ憎むこと

というふたつの定義が存在します。

もしも彼氏が芸人を志す人なら、「自分よりもおもしろい芸人に対する嫉妬」となり、（1）

「普通の嫉妬」のイメージ

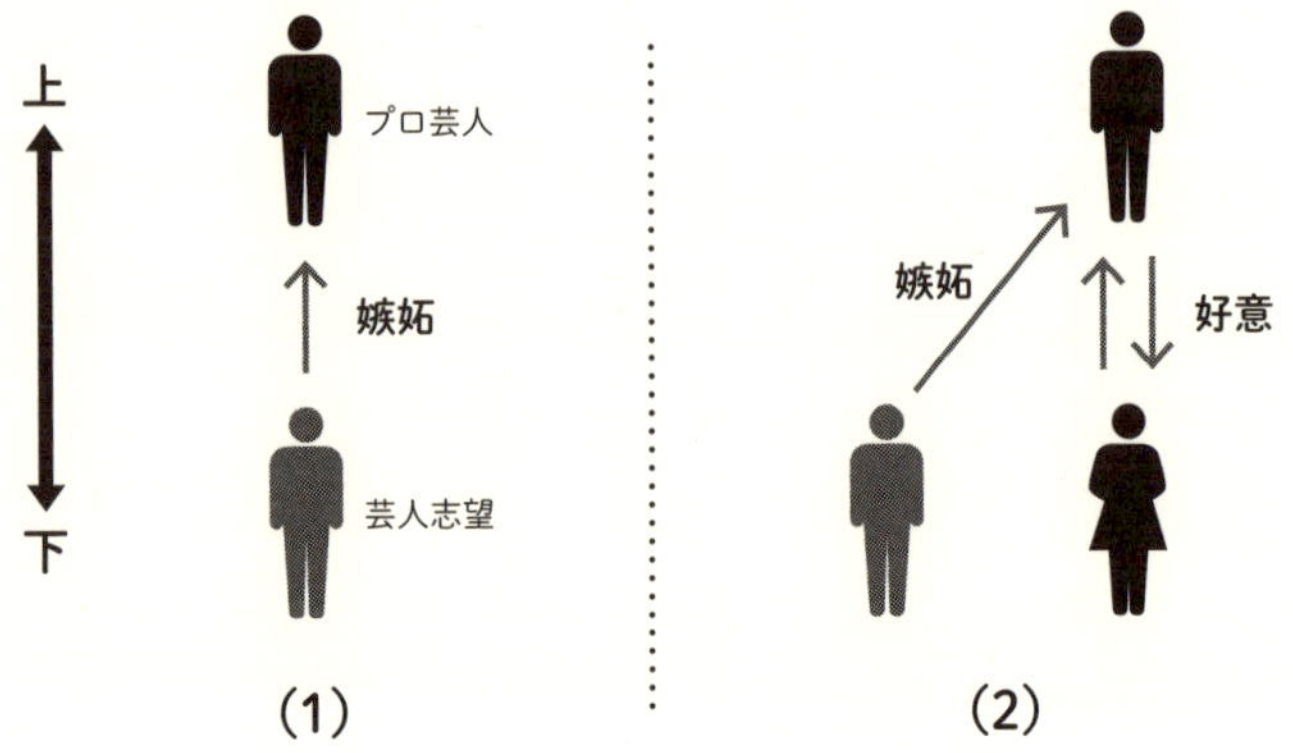

の線で理解が可能でしょう。また、鈴香さんが『アメトーーク！』の出演者に現実的な恋愛感情を抱いている、あるいは出演者から実際にアプローチを受けているというのなら、（２）の線で理解ができると思います。

しかし、状況はどちらにも当てはまらない。だからこれが意味不明なものに映っているのだと思われます。

男性に特有な〝嫉妬のツボ〟とは？

彼が何に嫉妬しているのかが鈴香さんにとってわかりづらいのは、それが極めて〝男性的〟なものだからです。したがって、男性である我々には彼の嫉妬の原因が実感としてよくわかります。

彼の嫉妬心を具体的に言語化すると、「俺よりも『アメトーーク！』に出ている芸人のほうがおもしろいことはわかっているが、〝俺と彼女〟という関係の中においては、他の男が俺より〝上〟に位置づけられていることが許せない」という感じになるかと思います。

とにかく女性がいる場面で他の男に負けたくない。いや、「負けていることにされたくない」と言ったほうがより正確かもしれません。その女性が恋人や好きな人だったらなおさらです。見かけ上の「勝ち負け」にこだわり、すべてを自分のプライドに直結させる——。これが〝男性的な嫉妬〟の基本構造です。

このような感覚は、男性である我々自身も身に覚えがあります。

鈴香さんの彼氏は「おもしろさ」という点で下に位置づけられたことを嫌がりましたが、これは男性に特有な〝嫉妬のツボ〟のひとつです。他にも様々なツボがあって、思いつくままに列挙してみると……

- **会社のブランド**
- **収入**
- **肩書き**

・仕事のスケール感
・学歴
・フォロワー数
・オシャレ度
・モテ度
・セックスの経験人数
・リア充感
・筋肉
・運動能力
・ケンカの強さ
・知識量
・ヤンチャ度

などなど、このままいくらでも思いつきそうで、我ながらうんざりしてきます。男性はこのようなツボでプライドを刺激され、他の男性と絶えず競争させられているような感覚を持っています。

彼女とジムに行かない理由

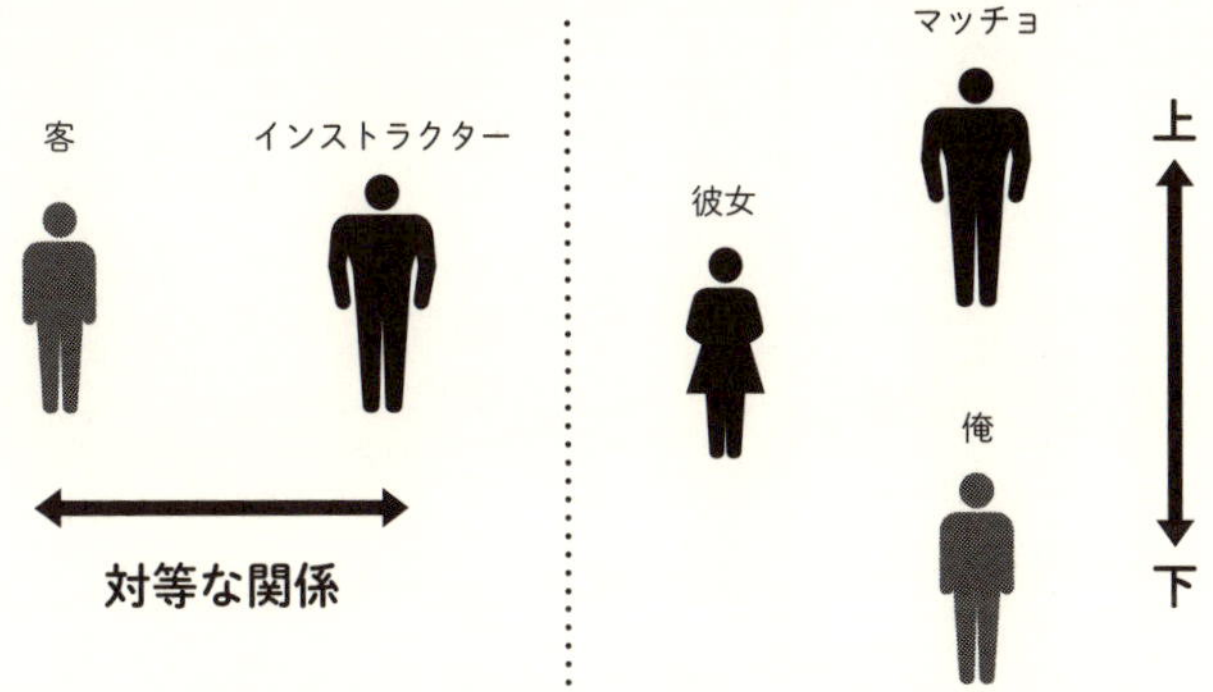

そのような男性にとって、恋人は自分を「男の中でナンバー1」と認めてくれている存在です。だから〝俺と彼女〟という小宇宙において、ナンバー1であるはずの自分よりも〝上〟の男が存在している（ような気がする）ことが許せないのです。たとえ現実世界の比較では敵わなくても、せめて恋人の前では負けていることにされたくない……。そのような「小さな勝ち負け」に異様なほどこだわってしまうのが男性的な嫉妬の特徴だと思います。

例えば我々の知人の男性は、まさにこのような嫉妬心の持ち主です。

彼は最近、身体を鍛えるためにジムの会員になりました。恋人の女性もジムに通っており、「一緒に行こう」と誘われているのですが、彼はそれを頑なに断ってひとりで通っています。

その理由は「彼女の前で引き締まった身体の男たちに囲まれたくないから」というもの。つまり、「筋肉」で「負けていることにされる」のが耐えられないというわけです。これは恋人の前で比較されなければいい話なので、別々に通う分にはまったく問題ありません。

先ほどの『アメトーーク！』とまったく同じメンタリティです。このように〝嫉妬のツボ〟は至るところに存在していて、我々男性は事あるごとに嫉妬心を刺激されているわけです。

〝ひとり相撲〟で不機嫌になる男性への対処法

とはいえ恋人の女性からすると、「それって私と関係あるようで全然ないのでは？」という話だと思います。負けたくない気持ちはわからないでもないけど、不機嫌な感情を私にぶつけるのはおかしくない？　ていうか、なんで負けたことになっちゃうわけ？　別に負けてなくない？　なのに、勝手に負けて、勝手に嫉妬して、その結果こっちに不機嫌を押しつけてくるなんて、完全なひとり相撲では？　……そんな声が聞こえてきそうです。

では、こういった男性的な嫉妬にどう対処していけばよいのでしょうか。

もっともシンプルな方法は「気にしない」ことです。これまで説明してきたように、彼氏の嫉妬は完全な〝ひとり相撲〟です。鈴香さんに落ち度はないし、責任を感じる必要も一切ありません。したがって謝ることはないし、ケアする義務もありません。彼氏も大人なのですから、自分でこじらせた感情は自分で処理させればいいのです。積極的スルー。能動的無視。本来ならこれで十分です。むしろ「巻き込まないで！」と主張してもいいくらいです。

それが彼と同じ男性である我々の本音なのですが、しかし……鈴香さんは彼の嫉妬が気になっているわけであり、気になってしまっている人に対して「気にするな」と言うのは何も解決策を提示していないのと同じでしょう。では、どうすればいいのか。

そこで提案したいのが、「鏡に映す」という対処法です。具体的には、「友だちが『アメトーーク！』を見て笑ってたら彼氏にキレられたらしい」といった具合に、彼の行動を「他の男が取ったダサい行動」として報告してみる方法です。

部屋で『アメトーーク！』を見ている

↓

彼氏が帰ってくる

↓

友だちの彼氏の話を切り出す

こうすることによって、「お笑い芸人VS彼氏」という対立から、「彼氏VS友だちの彼氏」という対立へと軸をズラすことができます。そして、「ダサいかどうか」は代表的な〝ツボ〟のひとつなので、鈴香さんが「ダサい」とみなした友だちの彼氏は、〝俺と鈴香〟という小宇宙において〝下〟に位置づけられ、彼のプライドは無事に保たれます。

この「鏡に映す」という方法にはもうひとつ利点があって、我々男性の中に埋め込まれている〝俺は違えからスイッチ〟という謎の機能をオンにすることができます。

これは他の男性のダサい話を聞いたとき、「俺はそいつとは違う」というプライドが発動し、仮に自分が同じことをしていても完全に棚に上げ、その男性をディスったうえで以後しれっと同じ行動を取らなくなるというセコいスイッチのことです。鈴香さんがダサいものとして「友だちの彼氏の話」をすることでこのスイッチが押され、以後『アメトーーク！』で爆笑する鈴香さんを見て不機嫌を露わにすることはなくなるでしょう。

以上が我々の考える男性的な嫉妬への対策です。ただし、これは言わば「女性が彼のプライドやメンツを気遣ってケアしてあげましょう」という方向性のアクションであり、我々としては、正直あまりオススメしたくありません。

勝手に負けて勝手に嫉妬して、そこで発生した負の感情を恋人に押しつける……。これはどう考えても大人のやることではありません。そこを先回りしてケアしてあげましょうというのは、あまりに過保護で申し訳ない気持ちになります。

さらに、そんなことが続けばその男性自身も成長する機会を得られません。本来であれば、我々男性が自分自身で気づき、自分の力で乗り越えていくべき問題だと感じます。ぜひ積極的スルーで対処していただきたく、何卒よろしくお願い申し上げます……。

「記号としてのエロ」から「実感としてのエロ」へ

男が思う「エロい女」って、どういう人？

お悩み

気になる男性の好みがわかりません

友だちが開いた飲み会で知り合った男性のことが気になっています。その飲み会で「好きな女性の好みはどんな人？」という話題になったときに、彼は「エロい女の人がいいな」と言っていました。

しかも、他の男性もみんな「超わかる〜」と同意していたんです。私には全然わかりません……。
男性にとっての「エロい女」ってどんな人なんでしょうか？　また、「エロい女」になるにはどうしたらいいですか？

（31歳・まゆみ）

二元論的発想と受験型恋愛

まゆみさんは〈男にとっての「エロい女」ってどんな人なんでしょうか？〉と書いていますが、ここには「世の中にはエロい女とエロくない女の2種類がいる」という〝二元論的な発想〟が見て取れます。そして自分のことを「エロくない女」と位置づけ、気になる男性に好かれるためには「エロい女」にならなくては……という焦りを抱いているようです。

またこの相談文からは、「正解」を求めるマインド（＝男性にとっての「エロい女」ってどんな人なんでしょうか？）と、「努力」の方法を知りたい（＝「エロい女」になるにはどうしたらいいですか？）という気持ちが見て取れます。

このように、「恋愛には『正解』や『方程式』があって、正しい努力を重ねていけば幸せに近づける」という発想を、我々は〝受験型恋愛〟と呼んでいます。物事には目指すべきゴールがあり、そこに至るまでのカリキュラムも整備されている。そして、努力して正解を積み重ね、成功に続く階段をひたすらのぼっていく――。その心構えはまるで受験生のように感じられます。

まゆみさんの場合も「男性にとってのエロい女」という「正解」を知り、そこに至るカリキュラムを欲しているように見受けられますが、はたして「エロ」とはそのような努力によって獲得していくものなのでしょうか？

「記号」としてのエロ、「実感」としてのエロ

まゆみさんには特定の気になる男性がいるわけで、本来なら「その人から好かれること」が目的となるはずです。しかし、彼が「エロい人が好み」と言い、まわりの男性たちもそれに同意したことで、まゆみさんの中で「彼から好かれること（＝彼からエロいと思われること）」と「すべての男性からエロいと思われること」が混同してしまったのだと考えられます。

エロい女性像は、確かに最大公約数的に語られがちです。今の有名人で言えば、壇蜜さんや橋本マナミさんなんかがその象徴的な存在かもしれません。グラマラスで、ミステリアス

まゆみさんがイメージする「エロい女」

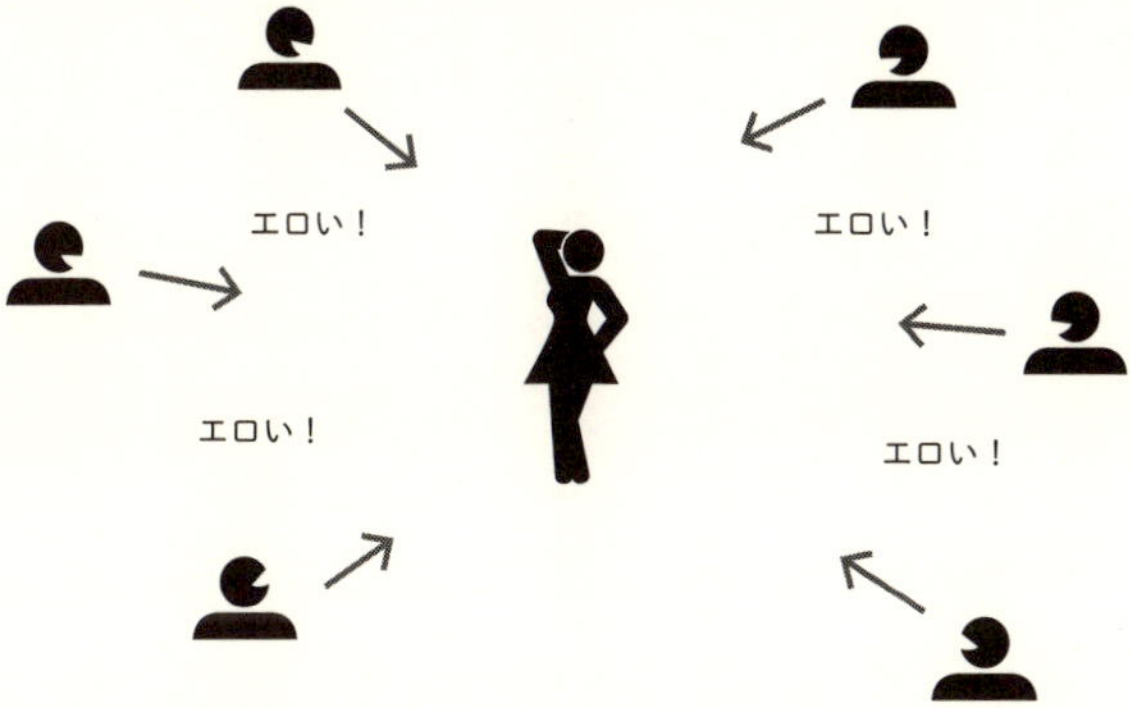

で、憂いを帯びていて、艶めかしくて、いい匂いがしそうで……と、その構成要素を挙げればいろいろ出てくるでしょう。

けれども、そういう要素をたくさん集めたからといって、意中の彼にとっての「エロい女」になるとは限りません。というのも、エロっぽさをまとうこと（＝記号としてのエロ）と、特定の相手がその人にエロさを感じること（＝実感としてのエロ）との間には、必ずしも相関関係があるわけではないからです。

「記号としてのエロ」とは、化粧や髪型、仕草やファッションなど、「男の人はみんなこれにエロを感じるだろう」とイメージされがちな要素のことです。こういった記号を集めれば「エロい女」に近づけると発想したくなる気持ちはよくわかります。ですが実際には、同じ「エロい」という言葉を使っていても、何にエロさを感じるかは個人差のとても大きい問題です。例えば壇蜜さんや橋本マナミさんにエロさを感じる人もいれば、まったく感じない人もいるわけです。もしもまゆみさんが彼女たちのようになって、不特定多数の男性から「エロい女」と思われたとしても、意中の彼からはエロいと思われない可能性だって大いにあるわけです。これは男女共通の話だと思いますが、とにかく「何をエロいと思うかは人それぞれ」としか言いようがない。そこはしっかり押さえておく必要がありそうです。

実感としてのエロはコミュニケーションの中に宿る

何にエロさを感じるかは個人差のある問題だとすると、「じゃあ、彼は何をエロいと思うの？」という疑問が浮上してくるかと思います。しかし、彼と恋愛関係に進みたいと願うまゆみさんの目標は、「彼の好みの記号を探すこと」ではなく、「彼が実感としてのエロさを感じる女性になること」です。

この「実感としてのエロ」は、相手とのコミュニケーションの中でしか発生しません。つまり、実際に関わってみないとエロは生まれない。だとすると目指すべきは、彼と具体的に関わり合う中で「エロいな」と思われる瞬間を作っていくことになります。

エロのイメージをタテ軸からヨコ軸にシフトチェンジ！

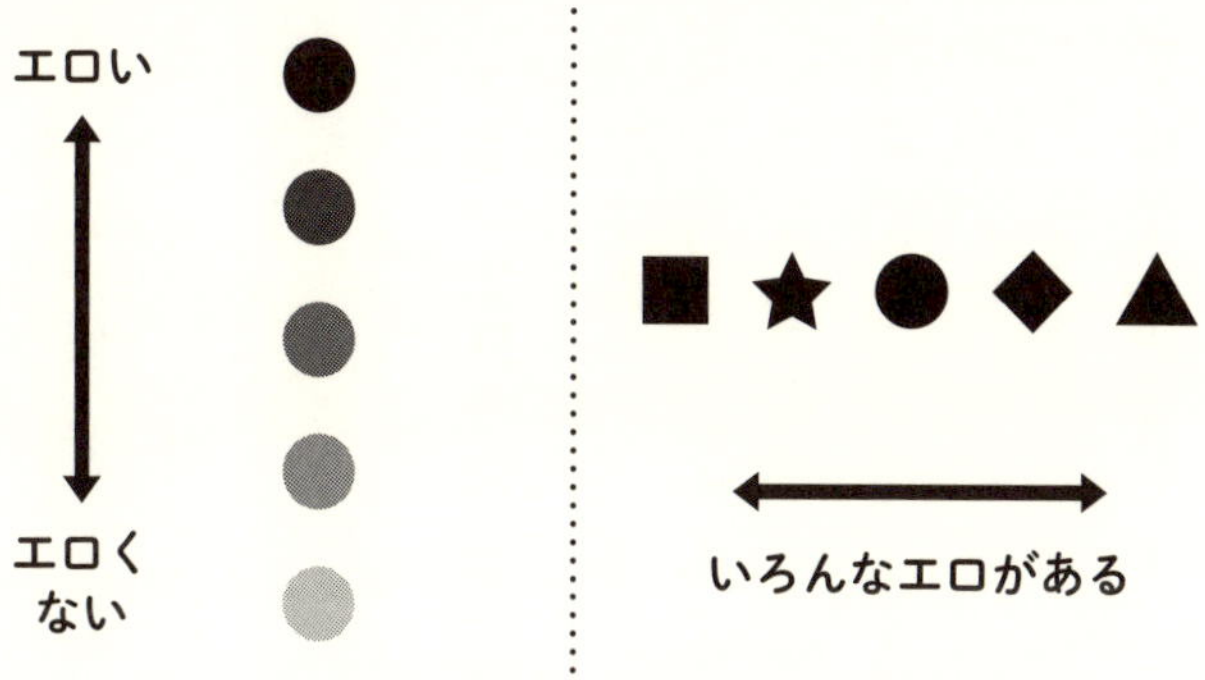

エロさを感じさせたから仲良くなれるのではなく、仲良くなっていく中でエロさを感じさせる——。そう発想を転換してみることをオススメします。

例えばある知人の女性は、男友だちとご飯を食べているときに「口内炎ができてしまって痛い」という話をしたところ、彼から「ちょっと見せてよ」と言われ、強烈なエロさを感じてしまったそうです。

またある男性は、徹夜明けで打ち合わせにきた仕事相手の女性と接したとき、「お風呂に入ってないので……」と言ってなるべく離れたところに行こうとするその態度にものすごくエロさを感じたと言います。

こういうエピソードをいろいろと聞いていると、人が何にエロを感じるかなんて、本当にわからないものだなとつくづく感じます。

つまりエロとは図のように、「よりエロいもの」と「よりエロくないもの」といった上下のタテ軸に分布しているものではなく、左右のヨコ軸上に無限に並列で分布しているものなのだと思います。エロの種はあらゆるところに転がっている！　大事なのは、それをいかにキャッチしていくかということです。

エロい気持ちは相互作用する！

例えば先の口内炎の例でいえば、彼女はエロさを感じてしまったため、恥ずかしくなって口の中を見せなかったそうです。この彼女の態度によって、ほぼ間違いなく、相手の男性もエロさを感じたはずです。

それは、なぜか。「恥じらう姿はエロい」といった話ではありません。そうではなく、ポイントは「彼女自身がその行為にエロさを感じている」という点にあります。もしも彼女がそこにエロさを感じていなかったら、「ホラ、見てよ！」というように躊躇《ちゅうちょ》なく口の中を見せていたと思いますが、それを見た相手も、そこにエロさを感じることはおそらくないでしょう。

エロは相互作用する！

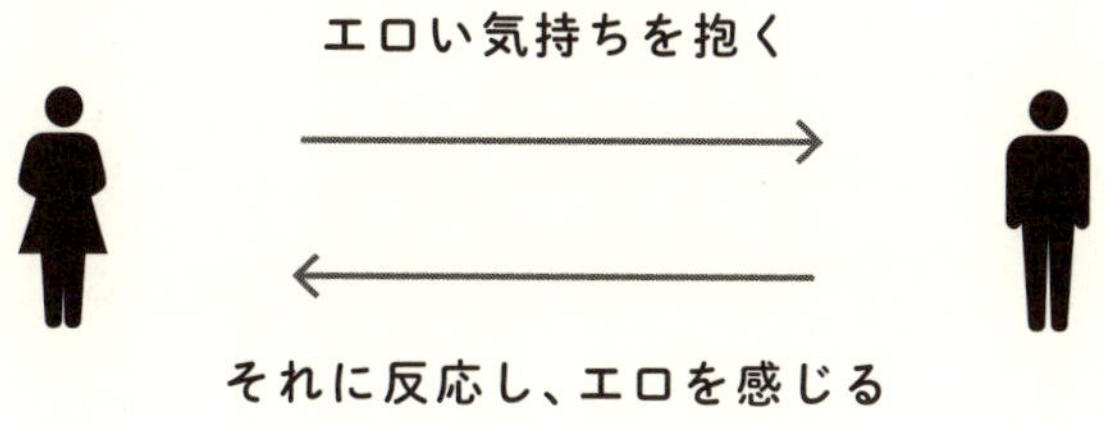
エロい気持ちを抱く
それに反応し、エロを感じる

つまりは、自分の中にあるエロい気持ちが「恥ずかしがる」「躊躇する」という態度を通じて伝わり、相手の中に「エロい」という感覚が発生するのではないか――。そのように、エロい気持ちというのは相互作用していくものだと考えられます。

となると、まず大切なのは、相手に対してエロい感情を抱いている自分を認めてあげることです。そうやって気持ちを殺さなければ、発言や行動からその意識がにじみ出し、相手はそれを感知してまゆみさんにエロさを感じるようになるかもしれない……。

もちろん、羞恥心や罪悪感を抱くなど、エロい気持ちにブレーキをかけてしまうことも多々あると思います。でも、相手に近づきたい、相手に触りたい、相手のことをもっと見ていたい……など、わき上がってくる気持ちを大切にすることが彼から「エロい女」と思われる方法だとすると、ちょっと楽しいことのように感じてきませんか？

〝エロい女〟になれる可能性は全員に開かれている

世の中には、いい匂いの香水とか、セクシーに巻かれた髪とか、露出度の高い服とか、いわゆるエロの記号はたくさんあります。しかし、それらは目的ではなくツールにすぎません。自分の中にあるエロい気持ちをどうやって相手に伝えるかを考える中で、「ちょっと香水でもつけてみるか」という発想が生まれてくる。そういう順番なのではないかと思われます。なので、それは別に香水や露出の高い服じゃなくてもいいわけです。極端な話、「その人に近づきたい」「その人をもっと知りたい」と思って取った言動ならば、すべてにエロが宿る可能性があります。

つまるところ「エロい女」とは、自分がエロい人間であることを知っている女性のことを指すのではないか……。エロくない人間はいないわけで、「エロい女」になれる可能性は全員に開かれているとも言えます。

それが「がんばって記号を集めてエロ偏差値を上げるぞ！」という〝受験型恋愛〟の発想だと、その努力が明後日の方向を向いている可能性も高く、しかし結果が出ないと「こんなにがんばってもダメなのだから、私にはエロの才能がないのだろう……」と自分を責めることにもなりかねません。不特定多数の男性目線による「正解」を求め、それに向かって努力していくというプロセスは、あまり楽しいものだとは言えないでしょう。

また、恋愛の成就は運に左右される部分も大きいので、必ずしも努力の量が結果に直結するとは限りません。それよりも、瞬間瞬間を楽しみながら成就の可能性を上げていくという発想のほうが楽しいはずです。

まゆみさんも、すべての男性からエロいと思われる必要はないと思いますので、とにかく意中の彼を意識し、脳内でエロい妄想を楽しみつつ、コミュニケーションを積み上げてみてはどうでしょうか。まわりくどいやり方のようにも思えるかもしれませんが、案外それが一番の〝近道〟なのではないかと、我々は真剣に考えております。

恋愛相談ではどのように話を聞くんですか？

――失恋ホストの現場では、実際にどういう感じで相談に乗っているのでしょうか。

森田　どう話を進めるかは毎回手探りなんですが、基本的なスタイルとしては、前半の1時間は「相談者さんの現在地」を確定させるために質問を投げかけていく。ここは清田が主導で進めていく感じですね。

清田　どんな出来事があって、恋愛相手はどういう人で、何を感じ、何を考えているのかなど、質問しながら断片的な素材を集めていきます。それが出揃ってきたら、今度は解決の糸口を探すため、相談者さん含めみんなで話し合っていく。これが後半の1時間で、毎回このあたりから森田パートになっていく感覚があるんだけど、そのあたりはどう？

森田　そうだね。前半は話をメモしながら聞き役に徹しているんだけど、そこでずっと考えているのが、悩みの〝核心〟はどこにあるのかということで。これは例えば、「この問題とこの問題をごっちゃにしてるからモヤモヤするんだな」「このジレンマがあるから決断できないんだな」「ここの部分を相手任せにしているから苦しくなってるんだな」という風に、相談者さんの悩みの発生源がどこにあるのかを探るってことですね。俺としては、そこを洗い出す作業に集中している感覚があります。

清田　毎回ここに到達するまでが勝負って感じなんですが、いったん悩みの核心が見つかると、相談者さんも一気にスッキリしてくれ

「相談者さんの自己認識と
実際に悩んでいたポイントがズレていた」
なんてこともザラにある。

る感じがあります。

——そう考えると、本書の回答スタイルはふたりの役割が融合している感じなんですね。

森田　そうですね。我々としては、相談者さんの悩みを読み解くためにはどちらのプロセスも不可欠だと考えています。

清田　「相談者さんの自己認識と実際に悩んでいたポイントがズレていた」なんてこともザラにあるので、とにかく話を聞いてみないことにはわからないんですよね。

——それはどういうことですか？

清田　例えば以前、社会人サークル仲間の男性に告白してフラれたという女性が相談に来たんです。当初は「今後彼とどう接すればいいか」「再チャレンジの可能性はあるか」を相談したいという話だったんですが、聞いてみると、彼のことがそこまで悩みの種になっているとは思えなかった。

森田　彼女の話にはちょくちょく転職の話題が出てきていて、どうもそこに悩みの核心がありそうだと感じたんですよ。それで話し合いを進めてみると、「転職したいけど自信がなくて踏み出せない。でも諦められない。そんな転職の悩みから逃げ込む避難場所になっていたのがフラれた彼のことだった」という構造がクリアになったんです。

——恋愛ではなく仕事の悩みだったと。

森田　最後は明るく「転職活動がんばろう！」となったんですが（笑）、最初の段階で悩みを決めつけていたら、絶対にそこにはたどり着けなかったと思います。

清田　人が何に悩んでいるかはじっくり聞いてみないとわからないなって、つくづく感じた経験だったよね。

第４章

好きな人すら見つからない

こんなアナタに…

もう長いこと恋愛をしていない

いい出会いがない

いつも同じパターンで失敗

周囲のアドバイスがつらい

元カレを引きずっている

いつも同じパターンで失恋してしまうのはなぜ？

お悩み

「新しい恋の予感↓相手に彼女ができて終了」の繰り返しです

半年前まで、同じ職場の元カレを引きずっていました。毎日顔を合わせるため、いつまでも忘れることができませんでした。美空ひばりの息子に似たその彼には、すでに新しい彼女がいたので、つらい日々でした。

そんなふうに鬱々と過ごしていたところ、新しい恋の予感がありました！　よく行くセレクトショップの時計屋のおにいさんです。しかもその人、私の幼馴染の知り合いということが判明し、さっそく飲み会をセッティングしてもらいました。そして、飲み会は滞りなく終了。連絡先を交換したもののいい感じになるでもなく、どうデートに誘ったらいいか悶々としていました。そうこうしている内に、時計屋のおにいさんには彼女ができてしまいました……。

でもその後、また新しい恋の予感がありました！　職場の暑気払いに来ていた、近所のバーで働く男の子です。黒髪パーマに白シャツで、見た目が好みでした。イケメンだったので、モテる部類の人であることがひと目でわかりました。彼が働くお店にこまめに通っておりましたが、ある日、その彼に恋人ができたことを知りました。

でもその後、また新しい恋の予感がありました！　仕事の取引先の、五郎丸に似た人です（以下略……）。

いつも同じパターンの繰り返しで、好きな人ができても、誰ともうまくいきません。この状況を打開するにはどうしたらいいでしょうか？

（32歳・カナ）

実は恋愛も失恋もしていない？

カナさんは、自分の〈パターン〉が繰り返されることに悩んでいます。その〈パターン〉とは、「新しい恋の予感↓悶々としているうちに相手に彼女ができる↓諦める」というものです。

理屈だけで解決策を考えるならば、「ピンと来たらすぐにアプローチする」が〈パターン〉から脱却する方法となるはずです。片想いの場合は自分からアプローチするしか手はないわけですし、相手に彼女ができて諦めるというのが失敗パターンだとしたら、フリーの内に素早くアクションする必要があるわけです。

しかし、それができたらカナさんは悩んでいないでしょう。すでに「そんなことわかってるよ！」という話だと思います。だからこれは、そのままでは解決策として不十分ということになります。

そこで考えたいのが、なぜカナさんは「ピンと来たらすぐアプローチする」ことができないのかという、その理由です。おそらく、カナさんがアプローチへの最初の一歩を踏み出せずにいるのは、今いる現在地から出ることを躊躇《ちゅうちょ》させるものがあるからだと思われます。その正体がわかれば、具体的な解決策も見えてくるはず。そのためにまず、カナさんの現在地から明らかにしていきましょう。

カナさんの現在地

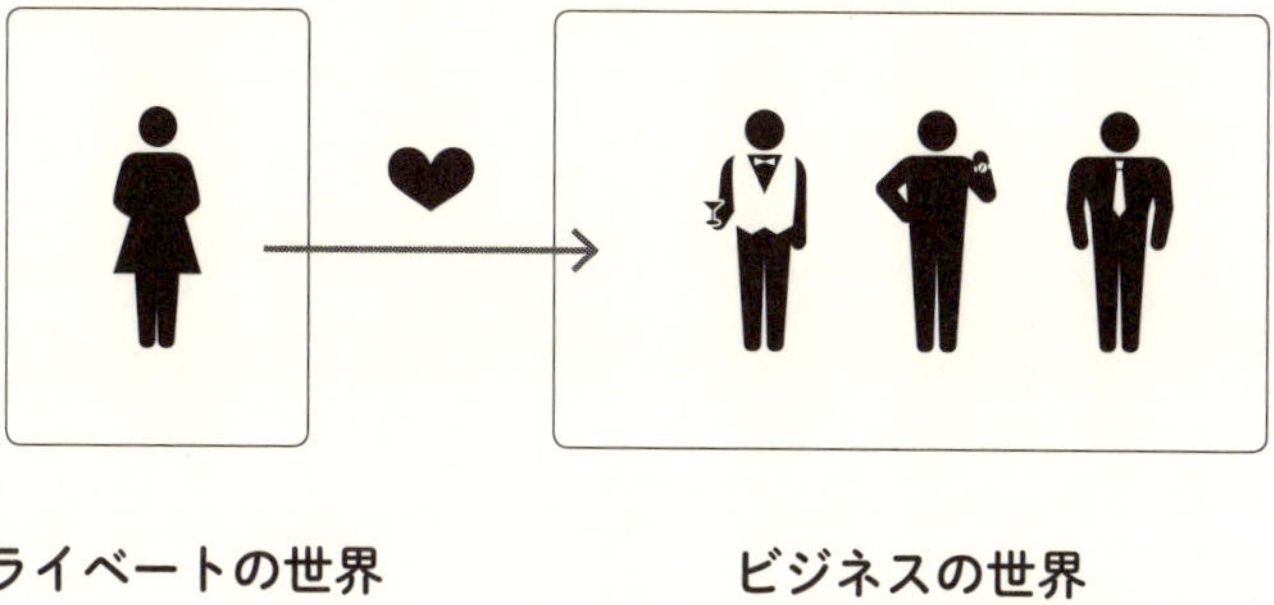

カナさんと好きになった男性たちとの関係性を改めて見てみると、カナさんと〈時計屋のおにいさん〉や〈バーで働く男の子〉との関係は「お客と店員」であり、〈五郎丸〉は「取引先の人」です。彼らに対して恋愛的なアプローチはかけておらず、ましてや告白してフラれたわけでもありません。カナさんからしたら彼らは恋愛相手かもしれませんが、彼らにとってカナさんはビジネスの相手に見えているはずです。言うなれば、カナさんが立っているのは恋愛という〝プライベートの世界〟であり、彼らが立っているのは〝ビジネスの世界〟なのです。つまりカナさんは、プライベートの世界から、ビジネスの世界にいる彼らに対して恋愛感情を抱いている。これがカナさんの現在地です。

この状態は、あえて言うなら恋愛よりも「ファン」に近いものだと考えられます。例えば芸能人にとってテレビや舞台は〝ビジネスの世界〟になりますが、そこに立っている彼らに対して、ファンは恋愛に似た感情を寄せます。カナさんが恋愛をして失恋したと認識しているその〈パターン〉は、例えば「大好きな芸能人ができる→しばらく追っかけライフを楽しむ→しかしその人に熱愛が発覚してショック！」といったファン心理とよく似ています。実態としてはファンなのに、それを恋愛だと認識し、一方的に失恋してしまっている――。我々としては、ここに問題の核心があると見ています。

ファンという立場を脱却し、恋人候補にエントリーする

ただし、これはファンがダメという話では決してありません。次々と好きな人を見つけることができるのはひとつの才能と言えますし、しかも相手は遠い世界の芸能人ではなく、身近にいて、ちょっとした交流も可能な人物です。関係性の進展を望まなければ、むしろ日々トキメキを享受できる刺激的な状況ではないでしょうか。

また、コミュニケーションの観点で見れば、実はファンは「楽で安心」なポジションと言えます。なぜなら、思いを寄せる相手と自分の関係性が明確で固定化されているからです。ファンとアイドル、客と店員、上司と部下、先生と生徒……などなど、固定化した役割やポ

ジションがあれば、それに応じた振る舞いをすることでコミュニケーションが成立します。

したがって、カナさんが「今の状態もさほど悪くはないかも！」と認識を変えることができるなら、現状維持もアリな道だと思います。しかし……カナさんの希望は現状を打開することです。つまり、思いを寄せる相手と恋愛関係になることを望んでいる。

だとすると、「ファンという立場を脱却し、恋人候補としてエントリーすること」が必要になるはず。要するに、彼らの〝プライベートの世界〟に足を踏み入れるということです。

ただし、これは口で言うほど簡単なことではありません。プライベートな関係を結ぶためには、今の〝枠組み〟から飛び出す必要があります。例えばお客（ファン）であれば、お店に行けば相手に気軽に会えますが、プライベートで会うためには「お誘いをしてOKをもらう」というプロセスを踏む必要があります。ファンとアイドルや客と店員といった固定化された関係性では、距離感の取り方や振る舞い方が決まっていたのに対し、プライベートの関係性では、すべてが未確定な地点から再スタートするわけです。これは少し大げさな表現で言えば、相手にとって〝得体の知れない他者〟になるということです。

また、ファンであれば「自分が相手をどう思うか」だけで話が完結しますが、恋愛関係となると「相手が自分をどう思うか」という要素が加わります。つまり、気持ちのベクトルが一方向だったのが双方向に変わるわけです。

「ファン」と「恋愛関係」の違い

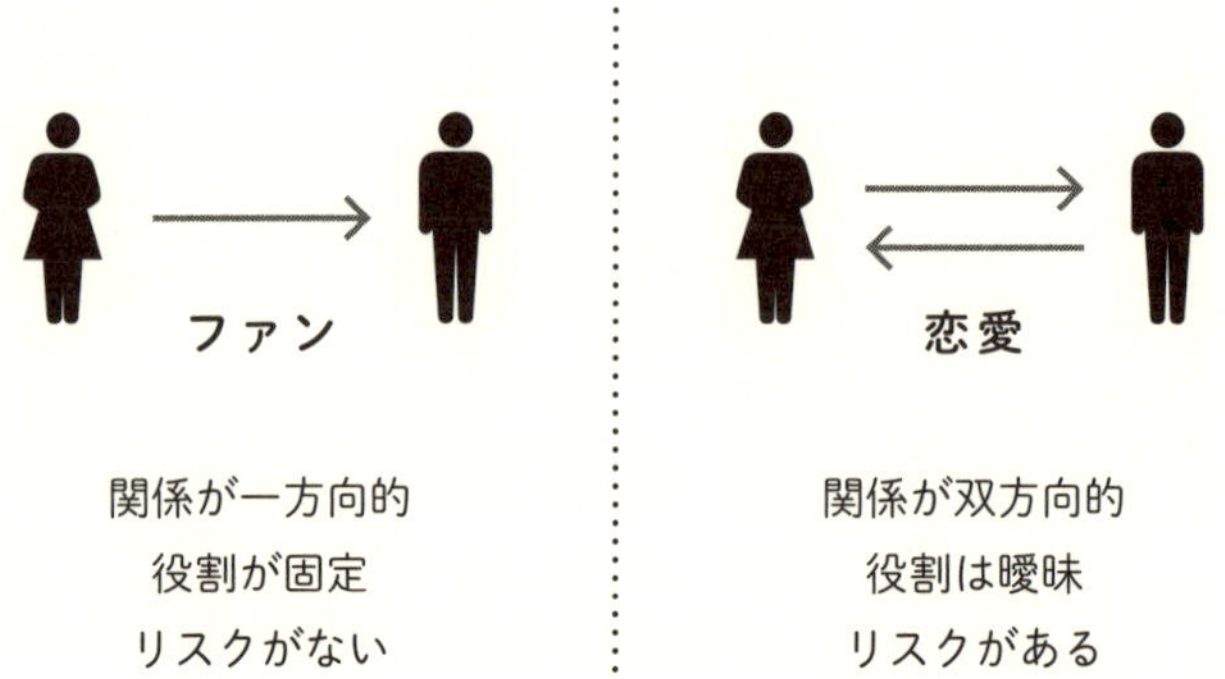

双方向になることで、自分だけに対するスペシャルな気持ちを向けられる可能性が出てくると同時に、誤解されたり嫌われたりというリスクが発生します。これが恋愛関係の怖いところです。おそらく、カナさんが一歩踏み出せない背景には、この恐れがあるのではないかと思われます。

しかし、恋愛関係へ移行したいのであれば、一方向の関係から双方向の関係へと変化する覚悟が求められます。ファンというリスクのない安全地帯から出て、いったん〝得体の知れない他者〟からはじめて、自分と相手の気持ちの落差を直視し、少しずつ相手を知り、同時に自分を知ってもらう……。こういったことがどうしても必要になってくるわけです。

最初のハードルをどうやって越えるか

それでは、カナさんはいったいどう行動すればいいのでしょうか。現状ではカナさんは彼らの「お客」であり「仕事相手」です。〝ビジネスの世界〟にいる彼らにとっては、カナさんと恋愛関係になることは「大切なお客さんを失う」「仕事に支障をきたす」といったリスクを伴います。場合によっては、職業的な倫理観が問われることもあるでしょう。そのため、いきなり恋愛的なアプローチをするのは、彼らの判断力や意志力に対する負担があまりに大きく、ギャンブル性が強すぎるように感じます。

そう考えると、まずは（彼らがいつでも〝ビジネスの世界〟に戻ることができると思える）友人関係から築いていくほうがベターかと思われます。そのためには「友だちになってくれませんか？」とストレートに告げてみるのが、もっともシンプルなアクションです。

そこまでストレートに告げるのはためらわれるという場合は、例えば大人数での飲み会を企画したり、会話の中で共通項を探したりしながら、コミュニケーションの機会を作っていくという方法もあるでしょう（特に、共通の趣味や好物が見つかると誘う理由にしやすいため、探してみることをオススメします）。

もちろん、カナさんにしてみれば「失敗すれば今の関係を失う」というリスクが付きまとうため、友だちになることすら簡単なアクションではないと思います。しかし、カナさんが第一歩を踏み出さないことには状況を変化させることはできないので、勇気を持ってトライしてみてほしいと思います。

そこさえ突破できれば、あとはオーソドックスにアプローチしていくのみです。それは例えば、次のようなステップを踏みながら距離を縮めていくことです。

連絡先を交換する
←
やりとりしながら互いの情報を交換していく
←
食事やデートを重ねる
←
ふたりの思い出や共通言語を増やしていく
←
どこかのタイミングで告白する

こうやって書き出してみると、実に当たり前なアドバイスです。しかし、ファン心理を抱く傾向にあるカナさんは、こういったステップをほとんど踏むことがないまま、やがて相手に恋人ができてその恋が終わる……という〈パターン〉を繰り返しています。だからこそ、今一度オーソドックスな手順からはじめてみることをオススメしたいわけです。

距離を縮めれば相手に嫌がられるリスクが生じますし、同時に相手のイヤな部分を見てしまう可能性も出てきます。そう考えると、ファンとして一方的にトキメキを感じているほうがストレスフリーで楽しいような気もします。

しかし、それでもやっぱり恋愛関係になりたいと願うならば、「ファンのままでいるより、一歩踏み込んだほうが楽しいし実りも多いはず！」と信じて歩みを進めてみるしかないでしょう。ぜひ、一段ずつ楽しみながらステップを踏んでみてください。

昔はうまくいってたのに…恋が自然に進まないのはなぜ？

お悩み

彼氏の作り方がわかりません

6年間付き合った彼氏と別れてから、恋の進め方がわかりません。「いいなー」と思える人が現れて、1～2回くらいふたりで会って普通に遊んだりご飯を食べに行ったりはするものの、それ以降どうしたらいいか、イマイチわかりません。

その時点で特に好きになっていない場合はそのままですし、「また会いたいな」「好きかもな」と思っても傷つきたくなくて連絡をしないので、いずれにしても立ち消えになります。次に連絡をするタイミングに自信がないというのもあります。

自然なタイミングっていつですか？　ていうか、向こうから連絡が来ないなら諦めモードでいたほうがいいの？

これまでは自然に彼氏ができていたので、正直に言うと、彼氏を作るのは難しいことじゃないと思っていました。今はその「自然に」がわからなくて、考えすぎてるなという自覚があります。いつも友だちから「なんでそんなに下手なの？」と言われるので、失敗しないようにと考えてしまうのです。

（29歳・美帆）

美帆さんは何に悩んでいるのか

美帆さんは過去と現在のギャップに悩んでいます。過去の自分は、どのようにはじめたのかも思い出せないくらいスムーズに恋人を作ることができていました。しかし、6年間交際した彼氏と別れ、再び恋愛市場に参入してみると、出会い自体はあるものの、昔のようにスムーズに進展していかない。〈いいなー〉と思う人が現れても何を決め手にしていいかわからないし、自分からどう踏み込んでいいかもわからない。以前は当たり前にできていたことができなくなって混乱しているというのが、美帆さんの現在地です。

どうして立ち消えになってしまうのか、自然なタイミングとはいつなのか、向こうから連絡が来ない場合は諦めたほうがいいのか……。相談文には様々な疑問が混在しています。昔は疑問にすら思わなかったことが、悩みの種になってしまっているようです。

なぜこのようなギャップが生じているのでしょうか。年齢を重ねたことの影響やブランク自体に原因を見る向きもあるかもしれませんが、我々が注目したいのは過去の恋愛です。

美帆さんには6年間付き合っていた彼氏がいました。ということは、少なくともそれ以前には〈自然に〉恋愛を進めることができていたわけですが、今はそれができない。つまりこの数年の間に何かしらの変化があったと考えられます。我々は、その変化の正体こそが今回のお悩みの核心ではないかと見ています。

もっとも、相談文を読む限りでは、過去も現在も、恋愛がはじまるまでの流れに大きな変化はなさそうです。〈いいなー〉と思える人と出会ったら連絡先を交換し、数回デートを重ねる——。このプロセス自体は変わらないわけです。だとすると、変化は美帆さんの内側に起きたと考えられます。つまり、恋愛の流れ自体に変化はないが、美帆さんがそれに対して違和感を覚えるようになってしまったのではないか、ということです。

人生観は大きく変化しているのに……

では、美帆さんの身にどのような変化があったのでしょうか。

元カレと付き合う前の美帆さんは20代前半なので、おそらく学生生活を送っていたか、卒業して働きはじめた直後でしょう。その頃の「自分の世界」と20代後半である今の「自分の世界」を比べてみてもらいたいのですが、趣味や人間関係、時間やお金の使い方、仕事と私生活のバランスなど、様々な面でかなりの変化があるはずです。我々自身の実感から言っても、社会人になってからの数年間の経験は、価値観やライフスタイルを大きく変化させるだけの影響力があったように思います。また、元カレとは6年間交際していましたが、おそらく山あり谷ありだったその6年間で、彼自身や彼との関係について、つまりは「他者と一緒にいるということ」について、美帆さんは考えをめぐらせたはずです。

美帆さんが具体的にどのような変化を経験したかはわかりません。しかし、ここで言いたいのは、この数年間の経験によって美帆さんの考え方や身を置く世界が、成長や成熟という方向にアップデートされているのではないかということです。それに対して、恋愛のはじめ方や進め方に関する美帆さんの基準や参照先は、あくまで6年より前の経験です。

つまり、この数年間で人生観が大きく変化しているにも関わらず、恋愛観だけがかつてのままフリーズしている。しかしその構造に気づかず、あたかも自分の恋愛力が衰えたり、考えすぎてスランプに陥ったりしているかのように捉えている——。ここに悩みの発生源があると考えられます。

コンピュータでたとえるならば、OS（オペレーション・システム）はアップデートされているのにアプリケーションだけが旧バージョンのままになっている、という状態です。美帆さん自身が変化しているのだから、昔の自分が頼りにしていた恋愛の方程式に違和感を覚えても何ら不思議はないし、かつては「自然」だったことが「不自然」に感じられることも、ある意味当たり前の話なのです。

恋愛観をアップデートする

では、どうすればいいのか。前述の通り、問題は恋愛の進め方や捉え方だけが旧バージョンのままになっていて、それが今の美帆さんにフィットしていない点にあります。そう考えると、必要なのは「恋愛観のアップデート」という作業になります。

アップデートによる感じ方の変化

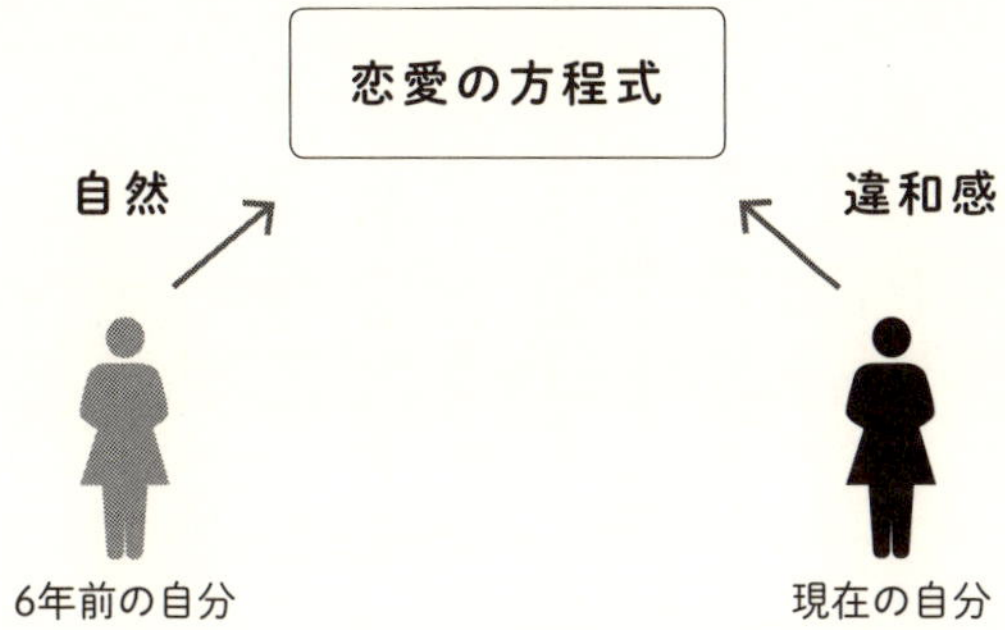

　そのためにはまず、準備段階として現在の自分を構成している要素を見直してみる必要があるように思います。かつての自分と比べ、時間やエネルギーの使い方はどう変化しているのか。仕事や趣味や人間関係などで、この数年間に追加された要素は何か。あるいは、やらなくなったこと、会わなくなった人は誰か——などなど、自分の構成要素やここ数年間の変化を細かく書き出してみることをオススメします。具体的な方法としては、日記やスケジュール帳を振り返ってみたり、スマホのメールや写真を眺めてみたり、インスタグラムやフェイスブックなどSNSのやり取りや書き込みを見直してみたりするのが有効だと思います。
　これは結構まわりくどい作業なので、「そんなことはいいから早く恋愛できる方法を教えてよ！」ともどかしく思うかもしれません。しかし相談文を読む限りでは、美帆さんはこの6年間に起こった自身の変化や成長をあまり自覚していないように感じられます。せっかくアップデートされて新しい自分になったのに、恋愛だけを昔の基準で考えていたのではもったいない！　今の美帆さんには今の美帆さんなりの考え方や感じ方があるはずで、それを改めてつかむためにも、自分の構成要素を見つめ直しておくことが効果的だと思うわけです。

そうして現在の自分を把握できたら、今度はそれをもとにここ最近の恋愛事情を見直してみてください。例えば相談文には〈傷つきたくなくて連絡をしない〉とありますが、もしかしたらそれは単に「自分の生活や人生における恋愛のプライオリティが下がっている」というだけのことかもしれません。

また、今の自分のことを〈考えすぎ〉と否定的に捉えているようですが、誰かと真剣に付き合うことにはどれだけ時間とエネルギーを必要とするかを、6年間で身をもって体験しているはずの美帆さんが、以前よりも恋愛に対して慎重な姿勢になるのはごく当然のことにも思えます。検討項目が増えればそれに応じて決断までの時間は長くなるはずです。

さらに、自分の感覚や気持ちをより鮮明に捉えられるようになっている可能性も高いと思います。相談文にある〈いいなー〉という感覚は、かつての美帆さんならそれだけで「恋愛感情」と認識していたかもしれませんが、今の美帆さんは「微量の恋愛感情はあるかもしれないけど、恋人になりたい感じの『好き』とは違うかも」というように、より高解像度で捉えている可能性もある。だとするなら、先に進みたいというモチベーションが育たないのはごく普通のことです（そういう相手とは、友だちや飲み仲間になったりしたっていいわけです。無理に“恋愛 or NOT”で考えず、自分と相手の気持ちにフィットする関係性を築けるようになるのも大人の醍醐味でしょう）。

旧バージョンの自分と比較することで生まれた「わからない」「考えすぎ」「下手」というネガティブなラベルを剥がし、現在の自分が感じることや考えることを基準に判断し、行動していく──。これが“恋愛観のアップデート”です。

そもそも「自然に」とは、「わざとらしさや無理のないさま」「物事が本来そうある通りであるさま」という意味を表す言葉です。それは究極的には美帆さん自身にしかわからないものであり、いくら親しい友人であっても、他人が〈下手〉などとジャッジできるものではありません。むしろ、違和感があったら立ち止まって考えられるほうが「自然」であり、「上手」だと言えるのではないでしょうか。自分が付き合いたいと思ったときだけが「自然」なタイミングであり、それは美帆さんにしか判断できないことです。どうか自分の「自然」を手放さずに進んでみてください。

〝普通の結婚教〟に入信しないと幸せになれないの？

お悩み

結婚向きな人を選べと強要されます

年齢のせいか、飲み会があると必ずと言っていいほど恋バナになります。そして、まわりには既婚者や恋人のいる人が増え、独身で彼氏のいない私はアドバイスをされる立場になりがちです。私はちょっと欠点があってもおもしろい人が好きなのですが、それに対してよくこんなことを言われます。

・「いい人」と試しにお付き合いしてみたら？
・その年齢で「クソメン」を選んでどうするの？
・どんな恋愛もどうせ3年で冷めるんだから「いい人」を選ぶべき
・元カレは「いい人」だったんだから、結婚しておけばよかったのに
・おもしろい人なんてレアで、普通はもっとつまらないよ

男性と深く関わる機会が少ないので、こういうアドバイスを聞いていると、まるで世の男性は「いい人（結婚に向いている）」と「クソメン（結婚に向いていない）」の2種類しかいないかのように感じてしまいます。そんなに「いい人」と付き合わないと幸せになれなくて、結婚できないのですか？　ちょうどいい人はどこにいるの？「いい人」を好きになることを強要しないで欲しいです。でも彼氏は欲しい！

（33歳・多恵）

アドバイスになっていないアドバイス

多恵さんは、やたらと〈いい人〉を勧めてくるまわりからの〈アドバイス〉に苦しめられ

ています。まずもって指摘しておきたいのは、自分の価値観を多恵さんに〈強要〉している
これらの発言は、単に混乱と嫌な気分を生み出しているだけで、到底アドバイスの体をなし
ていないという事実なのですが、それを踏まえたうえで考えたいのは、なぜ多恵さんがこの
「アドバイスになっていないアドバイス」を軽くスルーできずに悩んでしまうのか、という
ことです。その理由を明らかにしていくことが、多恵さんの悩みを解決することにつながる
と考えています。そこでまず、アドバイスにある〈いい人〉や〈クソメン〉とはどういう人
なのかを検討していきます。相談文から読み取れるのは、それぞれ次のようなイメージです。

・いい人＝恋愛の対象としては物足りないけど、結婚向きな人
・クソメン＝恋愛の対象としてはいいかもしれないけど、結婚向きじゃない人

「結婚向き」というのはおそらく、性格が穏やかで結婚願望があり、安定した職に就いてい
て人生設計がしっかりしている……くらいの意味でしょう。つまるところ、多恵さんにアド
バイスをする助言者たちは「結婚するための〝常識的〟で〝普通〟のスペックを兼ね備えた
男性」のことを〈いい人〉と言っていて、それがない人を〈クソメン〉と言っているわけで
す。助言者たちが自分の正しさに（おそらく）なんの疑問も持たず断定的に発言できるのも、

その背後に〝常識〟や〝普通〟という大いなる存在が鎮座しているからです。

さらに助言者たちの多くは、その中における「恋愛→結婚」というレースをひと足先に走り終えているため、先輩としての〝良き体験〟をもとに「あなたもそうしたほうがいいよ」「今のままじゃ幸せになれないよ」と心からの言葉を発しているのだと考えられます。

〈いい人〉を選ばなければ幸せになれないのか

この構造は、新興宗教やマルチ商法の勧誘によく似ています。多恵さんがこの勧誘を無視できないのは、「現に彼氏いないでしょ？　結婚できてないでしょ？」と弱みにつけこまれて焦りが生まれているからでしょう。その結果として、多恵さんの中にも「おもしろいと感じる相手より普通の人が一番なのかな」という気持ちが顔を出しているのだと思います。だから勧誘の言葉を全否定もできないし、完全に迷惑だとも思えないわけです。

また、この〝普通の結婚教〟とも言うべき価値観の中では、とにかく結婚していることが善であるため、30歳をすぎて結婚できていない場合は「問題あり」とみなされてしまいます。そのため多恵さんは「自分はわがままや贅沢を言っているだけなのではないか……」といった謎の負い目のようなものを感じてしまっており、この点も勧誘をスルーできない理由のひとつになっていると思われます。

思い切って〝普通の結婚教〟に入信してしまえば、それはそれで楽になるとは思うのですが、しかし多恵さんは猛烈な違和感を覚えているわけです。それを無視してもいずれ破綻するのは目に見えていますし、現にこうして悩みまくっています。

我々としても、入信は絶対にオススメしません。なぜなら、〝普通の結婚教〟のドグマ（教義）は、「普通の結婚こそが幸せで、そのためには〈いい人〉を選ばなければならない」というものであり、入信することは、自分の価値判断の基準をこのドグマに預けることを意味するからです。少し大げさに言うと〝自分〟を明け渡すようなものです。

相談文には〈どんな恋愛もどうせ3年で冷めるんだから「いい人」を選ぶべき〉というアドバイスが紹介されていますが、ここからもわかる通り、〝普通の結婚教〟では恋愛が軽視されています。ドグマを守るためには、ときにクソメンを選ばせる恋愛という要素は邪魔なものでしかないからでしょう。これは、自分の感性や感情よりも結婚という目的を優先させろということです。また同時に、「いい人／クソメン」という条件でくくられている男性側の個性や、彼らと多恵さんの相性などがほとんど無視されている点も見逃せません。

もちろん、我々は結婚自体を否定するわけではありませんし、結婚するためには恋愛が必須だとも思っていません。しかし、それを決めるのは本人であり、まわりがとやかく言ってコントロールしようとしていいものではないはずです。自分の感覚をだまし、脅しのようなドグマに従って〈いい人〉という条件ひとつで結婚を決めることが、多恵さんにとっての幸せと言えるのでしょうか？

信仰の外に出るにはどうすればいいのか

さてここまで、多恵さんが「アドバイスになっていないアドバイス（＝〝普通の結婚教〟への勧誘）」を無視できない理由と、そこにひそむ問題点について考えてきました。しかしこれでは、多恵さんの悩みを解決したことにはならないし、〈でも彼氏は欲しい！〉という心の叫びにも応えられていません。そこでここからは、それぞれの問題の解決策を考えていきます。

まずはお悩みの中心になっている「いい人と結婚しないと幸せになれないのか問題」への解決策ですが、これは〝普通の結婚教〟のドグマなので、その信仰を受け入れるならば真実となります。しかし一歩その信仰の外に出てしまえば、それは数ある選択肢のひとつにすぎず、忠実に守る必要など1ミリもありません。だから多恵さんにも、信仰の外に出てみることをオススメします。具体的には、〈いい人〉を勧めてくる助言者たちとの交流をいったんやめてみるのはいかがでしょうか？

何かをやめてみることは、それが自分にとって本当に必要なものか改めて考える契機になります。また、それによって余裕が生まれ、別のことを考えたり、新しいことをはじめたりするきっかけにもなります。

例えば『やめてみた。本当に必要なものが見えてくる暮らし方・考え方』（わたなべぽん／幻冬舎刊）というコミックエッセイには、炊飯器から謝り癖まで、さまざまなモノや習慣について本当に必要かどうかを改めて棚卸しして、必要ないことを「やめてみた」著者自身の体験がつづられています。この本の中には、自分の精神状態をかき乱してくる友人との付き合いをいったんお休みにしてみたら楽になったという話が出てきますが、無理して付き合いを続けるよりも、ずっと負担のない処方箋ではないかと思います。

また多恵さんの場合、〝普通の結婚教〟のドグマに類似することが書かれているネットや雑誌の恋愛コラムを読むのをやめてみるのもいいかもしれません。そうして空いた時間で、自分が「おもしろい」と思っている友だちとの付き合いを深めることをオススメします。自分にとって心地の良い時間を過ごすことで余裕が出てくるはずだし、そうなれば自然と「本当に必要なもの」が見えてくるのではないかと思います。

そのように自分の感覚を磨いていくことではじめて、今の自分に〈ちょうどいい人〉がわ

“普通の結婚教”から出ると…

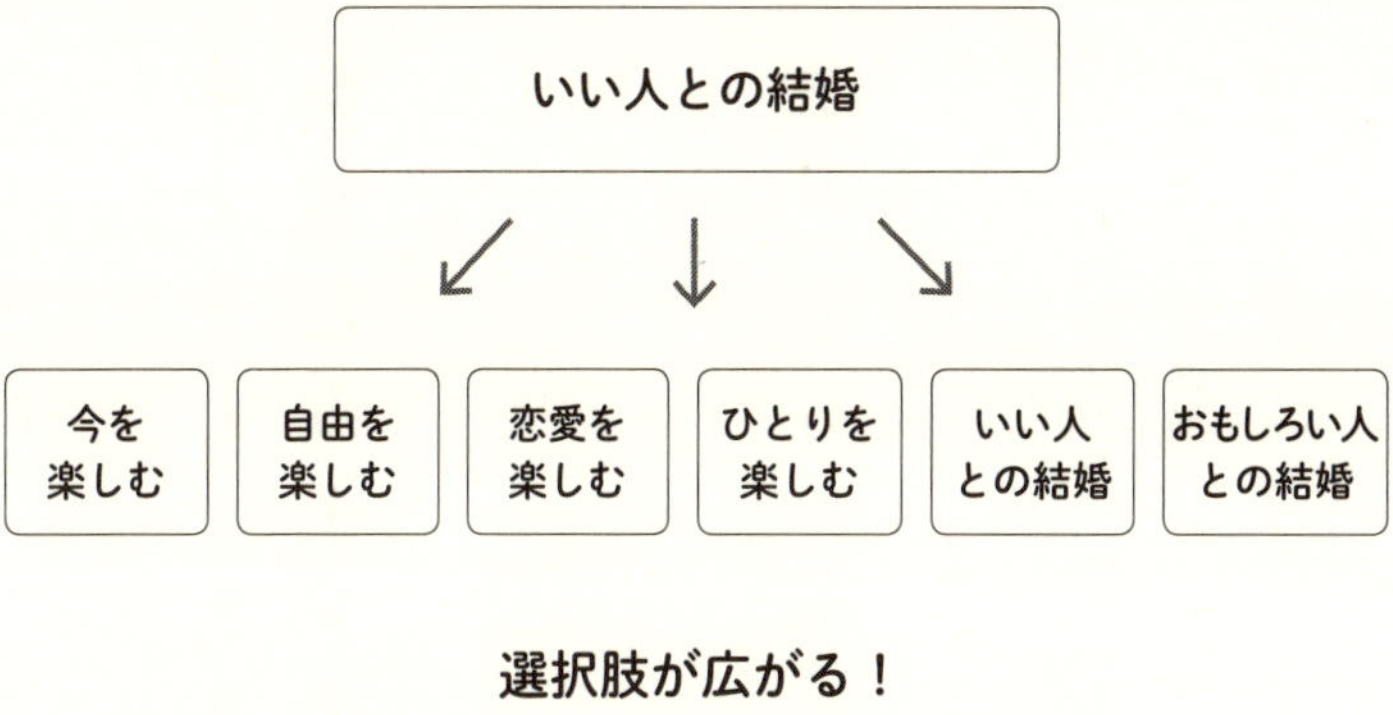

かるのだと思います。それは、多恵さんと「おもしろさ」を共有できるような、価値観がフィットする男性なのではないかと我々は見ています。となるとその人は、多恵さんの好きな人や多恵さんの価値観を否定しない人たちとのつながりの先にいる可能性が高いはず。これが〈ちょうどいい人はどこにいるの?〉という多恵さんの疑問に対する我々の回答です。居心地がいい人やおもしろいと感じる人に出会えたら、男女問わずその人とのつながりを大事にしてみる。地味に感じられるかもしれませんが、つながりは地道な行動を続けていくことでより強く長くなるはずです。そのつながりの先で、多恵さんが自分なりの幸せにたどり着くことを切に願っています。

恋愛関係を生み出す〝自己開示〟のレッスン

デートしても友だち止まり…色気とムードの正体とは？

お悩み

テクニック不足で恋ができません

ムードの作り方や、色気のある会話について教えてください。「いいな」と思う男性と遊んだり食事に行ったりしても、友だちのような雰囲気になってしまいます。趣味や仕事の話をしてそれなりに盛り上がり、そのままお開きになるパターンが多いのです。また、終始当たり障りのない会話をして終了することもあります。

一方で、「これがムード作りというやつか……」と感じた出来事もあります。40代半ばのおじさまと食事に行ったときのこと。私は恋愛対象として見ていなかったのですが、悩みや過去の恋愛、仕事の目標といったことを話す中で、励ましたり優しい言葉をかけ合ったりしている内にいい雰囲気になり、好きになりかけました（ちなみに、次の約束を取り付けようとして後日連絡してみましたが、スルーされています）。

これを自分でも男性に対して実践すればいいのかもしれませんが、そういった話を切り出すタイミングがよくわかりません。このようなムード作りや色気のある会話が上手な女性が男性を落としているのかと思うと、私はテクニック不足によって機会損失しているような気分になり、焦ります。彼氏を求めてもう2年ほど経ちました……。

（30歳・麻里絵）

麻里絵さんは何に悩んでいるのか

麻里絵さんには、男性との出会いやデートの機会はあるようです。しかし、そこから恋愛関係に発展させられないことが悩みの種になっています。麻里絵さんがその原因だと考えているのが、〈ムード作りや色気のある会話〉ができないこと。これが上手にできる女性たちと自分を比較し、焦りを募らせています。

相談文の中で〈ムード作りや色気のある会話〉と対比的に挙げられているのが、〈友だちのような雰囲気〉や〈当たり障りのない会話〉です。麻里絵さんにとって前者が〝核心〟だとしたら、後者はその〝周辺〟と言えます。〈それなりに盛り上がり、そのままお開きになる〉と書いているように、いくら会話をしても単に周辺をぐるぐる回っただけという感覚があり、手応えのなさだけが残ってしまう——。これが麻里絵さんの現在地です。

では、麻里絵さんにとっての〈ムード作りや色気のある会話〉とは具体的にどういうものなのでしょうか。

ヒントとして示されているのが、麻里絵さんが好きになりかけたというおじさまとのデートです。相談文には、〈悩みや過去の恋愛、仕事の目標といったことを話す中で、励ましたり優しい言葉をかけ合ったりしている内にいい雰囲気に〉なったとあり、麻里絵さんはこれ

麻里絵さんの現在地

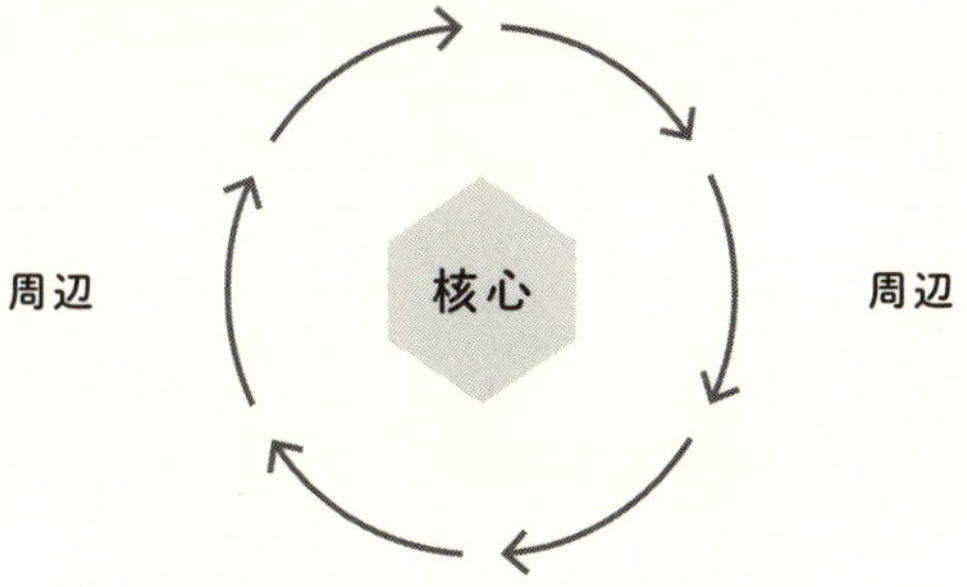

色気のある会話（核心）に踏み込めず、
当たり障りのない会話（周辺）をぐるぐる

を〈ムード作りや色気のある会話〉の一例と捉えていることがわかります。

また麻里絵さんは、自らを〈テクニック不足〉と称しています。つまり麻里絵さんの中では〈ムード作りや色気のある会話〉はあくまで「テクニック」であり、恋愛が上手な人はそれをマスターしているが、一方の自分は身につけていないから恋愛が下手なのだと解釈しているわけです。

これにしたがうと、おじさまとのデートで感じた色気やムードは、彼のテクニックによってもたらされたものということになります。

しかし、〈過去の恋愛〉はまだしも、〈悩み〉や〈仕事の目標〉がいわゆる「色気」のあるトピックなのかというと、やや疑問があります。

また、おじさまが意図的にテクニックとしてムード作りをしていたとするならば、その理由は麻里絵さんのことを狙っているからだと解釈するのが自然だと思いますが、すると後日彼が誘いに乗ってこなかったことと矛盾します。

これらを考え合わせると、麻里絵さんの感じた色気やムードは、おじさまのテクニックによるものではないと言えそうです。

とはいえ、これは何も麻里絵さんが勘違いをしていたという話ではありません。ここで考えるべきことは、おじさまとの会話は内容自体に色気はなく、また彼にムードを作るつもりがなかったにも関わらず、なぜ麻里絵さんが「色気やムードを感じた（＝核心に踏み込めた）」という実感を持っているのか、ということです。そしてそれは、周辺をぐるぐるしているだけの会話とどこが違ったのか。それがわかれば、核心への踏み込み方が見えてくるはずです。

やや回りくどかったかもしれませんが、準備が整いましたので、この回答もそろそろ核心に踏み込んでいきたいと思います。

核心に踏み込むための鍵とは？

おじさまとの間にはあって、その他の男性との間にはなかった〈ムード作りや色気のある会話〉の正体とは何か。それはおそらく、「大事なことを話している」という感覚です。

おじさま以外の男性とは会話が上滑りしてしまい、感情を乗せることができず不完全燃焼に終わっています。そのため麻里絵さんの中には「大事なことが話せていない」という感覚が残るわけです。

一方のおじさまとは、会話はがっちりとかみ合い、感情がしっかり乗っている様子が、相談文からは伝わってきます。その結果として麻里絵さんの中に「大事なことを話している」という感覚が生まれる。つまりこの「大事なこと」こそが、核心に踏み込むための鍵となります。

これは一般的にイメージされる色気やムードとはかけ離れたものなので、少し説明が必要かと思います。

まず、ここで言う「大事なこと」とは、自分の中で大切にしている、普段は他人に話さないような事柄や感情のことです。そして、なぜそれを話すと色気やムードが生まれるのかというと、そこには必ず〝言いづらさ〟が伴うからです。

つまるところ「大事なこと」を話すという行為は、ある種の〝自己開示〟に他なりません。言いづらさを伴う自己開示は言ってみれば精神的に裸になるようなものなので、恥じらいやためらい、あるいは「こんなことを話してしまっていいのかな……」という背徳感のような感情までがない交ぜとなり、全体として色気やムードが醸し出されます。そしてそれが相手にも伝播し、さらに自己開示の扉が開いていく……。こういった自己開示の相互作用が色気やムードの正体ではないかと、我々は考えています。

〝言いづらさ〟が教える自己開示のタイミング

では、自己開示するためには具体的に何をすればいいのでしょうか。

それには〝言いづらさ〟が伴うわけで、多くの場合、自分の中で「今この話をするのって変かな?」「こんなことを言ったら引かれるかな?」などといったストッパーが働きます。見方を変えれば、感情のストッパーこそが自己開示のタイミングを教えてくれるヒントになると言えます。

ここで注意したいのは、過去の恋愛や性の話、トラウマや家庭環境などといった一般的にイメージされる「重い話」や「深い話」をすれば自己開示になるわけではない、ということです。もちろんそれらはカジュアルに話せるトピックではないので、多くの人にとって自己開示と重なる部分があるとは思います。しかし、基準となるのは話題そのものではなく、それに対する自分の感情です。言い換えると、自分にとって重要なこと、あるいは相手に打ち明ける際に勇気を要することであれば、趣味でも仕事でも生活のことでも、どんな話題であっても自己開示になり得るのです。

その基準をつかむためには、まず自分をよく知ることが大切です。普段から自分の考えていることや感じたことを把握しておくことが有効かもしれません。また、自己開示をするためには空気を読み過ぎないこともポイントのひとつです。

ただし、「こうすれば自己開示できる」「自己開示のタイミングをあらかじめ決めておく」といった具合に、テクニック化やマニュアル化することはオススメしません。むしろ絶対に避けたほうがいいと考えています。

これまで書いてきたように、色気やムードは、言いづらさや恥じらいといったハードルを乗り越えるという構造そのものによって発生します。テクニック化やマニュアル化はそのハードルを低くし、乗り越える際の労力をできる限り小さくする行為なので、色気やムードの源泉から水を抜いていくような矛盾した行為と言えるのです。

一方で、自分自身で言いづらさのハードルを乗り越えなくても、テクニックとして先に挙げたような「重い話」や「深い話」をすれば、相手がそれを自己開示と受け取ってくれる可能性はあります。しかし、それは非常にリスキーな行為です。

例えば恋愛における告白は最大の自己開示ですが、これをテクニック化すると「好きって言えばセックスできる」というタチの悪いヤリチン男性の手口になります（だから軽々しく告白してくるような男性には注意が必要です）。そのような男性が陥りがちなのは、感情と言葉がどんどん乖離していき、しまいには内面が空洞化して自分の気持ちが自分でもわからなくなってしまうという事態です。

テクニックとしての自己開示を続けると、何が自分にとって本当に「大事なこと」なのかがわからなくなる危険性があります。これが、テクニック化やマニュアル化を避けたほうがいいと考える理由です。

偶発的に生じる〝波〟に乗っかる準備をしておく

さてここまで、〈ムード作りや色気のある会話〉について考えてきました。麻里絵さんはそれをするためのテクニックがないから関係を発展させられないと悩んでいましたが、重要なのは「大事なことを話している」という感覚をつかむことであり、その鍵となるのは自己開示であるというのが我々の見解でした。

また、自己開示のために自分の中の大事な事柄を把握しておくことは有効ですが、自己開示をテクニック化したり、デートのたびに「自己開示しなければ！」と考えたりするのは避けたほうがよいことも、改めて強調しておきたいと思います。

テクニックやマニュアルよりも重要なのは、「言いづらいけど話したい」という感情の波が自分の中に生じたとき、それに乗っかる準備をしておくことです。自己開示のタイミングはコミュニケーションの中で偶発的に発生するものなので、それはどこか〝サーフィン〟にも似た行為かもしれません。気軽にできることではありませんが、見方を変えればそれは恋愛の醍醐味とも言えるでしょう。〝波〟に乗って言いづらさや恥ずかしさをドキドキしながら乗り越えたとき、「距離が縮まった」「わかってもらえた」といった実感を持てるのではないかと思います。

イケメン好きでもないのに…「妥協しろ」と言われるのはなぜ?

お悩み

理想が高すぎると言われるのですが……

2年ほど彼氏がいない30歳です。「男の人、紹介するよ。どんな人がタイプなの?」と聞かれて答えると、理想が高いと言われます。でも、自分ではまったくそう思っていません。理想のタイプは、大体いつも「オードリーの若林かバカリズム、あとヒャダイン」と答えています。綾野剛とか小栗旬と言っているわけじゃないんです。

実際に好きになる人も、特別カッコイイわけじゃないのに、友だちからは「あの人はモテるから難しいと思う」「モテ男だから、付き合えなくてもあゆちゃんにダメなところがあるわけじゃないよ」などと言われることが多いです（泣）。

このままだと、自覚のないままモテ男を好きになり続け、彼氏が一生できない気がしています。どうしたらいいでしょうか？


（30歳・あゆみ）

あゆみさんの中に見られる序列の「ねじれ」

相談文から読み取れるのは、「もしかしたら自分は無自覚の内に無理めな男性にアプローチしているのではないか……」というあゆみさんの懸念です。しかし、いくら理想が高いと友だちから言われたところで、好きになってしまうのはあゆみさん自身にもどうしようもないことです。

また、友だちは暗に「妥協しろ」と言っているのだと思いますが、あゆみさんからしたら、そもそも高望みしているわけじゃないんだから妥協しようがないというのが本音でしょう。

あゆみさんの中の序列

好きになるのは若林なのに、
序列ではこうなっている

だからこれが切実な悩みになっているのだと思います。

そこで今回は、あゆみさんのお悩みを解決すべく、「理想の男性と出会ったときに付き合える確率が上がる方法」を考えていきたいと思います。

あゆみさんは、理想のタイプを〈オードリーの若林かバカリズム、あとヒャダイン〉と言っています。話を整理するため、理想の男性を仮に〝若林〟として、あゆみさんの中の序列を不等号で表してみます。

まず、あゆみさんは自分の理想はむしろ低いくらいに捉えているようなので、【あゆみ ＞若林（1）】だと考えていることが推測されます。

一方で、〈綾野剛と言っているわけじゃない〉とあるように、あゆみさんには【綾野剛 ＞あゆみ（2）】という認識もあるようです。（1）と（2）の不等式を合わせると【綾野剛＞あゆみ＞若林】となります。これが、相談文からわかるあゆみさんの中の序列です。

ここで注目すべきは、あゆみさんを挟んで【綾野剛＞若林】となっている点です。はたしてこれは事実なのでしょうか？

「見た目のカッコ良さ」という尺度だけでみたら、確かに多くの人にとってそれは事実なのかもしれません。しかし、例えば「おもしろさ」や「頭の回転の速さ」という尺度だったらどうでしょうか。この場合はおそらく、【綾野剛＜若林】となるでしょう。このように、何を尺度にするかによって序列は変わるのですが、あゆみさんの中では男性の序列はあくまで「見た目のカッコ良さ」で決められています。

ただし忘れてはいけないのは、あゆみさんは綾野剛が好きだと言っているわけではないという点です。おそらく、綾野剛のことは別にどうでもいいと思っている。あゆみさんが好きになるのは、あゆみさんの中で綾野剛よりも低い序列に置かれている若林なのです。ここにはある種の「ねじれ」が見られます。そしてこれこそが今回のお悩みのポイントだと、我々は考えています。

あゆみさんが好きになる男性はなぜモテるのか？

あゆみさんが好きになる男性は、いわゆるイケメンではありません。しかし我々が推測するに、おそらく彼らは周囲から一目置かれる魅力的な人物なのだと思います。あゆみさんの友人たちはそれを「モテ」という言葉で表現していますが、その理由には「見た目のカッコ良さ」とは別の尺度が採用されているはずです。

例えばオードリーの若林さんご本人について考えてみると、見た目を超カッコイイと言う女性は多数派じゃないかもしれませんが、おもしろさや頭の回転の速さを高く評価する人は多いはずです。そしてそれを「モテ要素」だと感じる女性もまた、あゆみさんが思っている以上にたくさんいるわけです。

ひるがえって相談文を見てみると、あゆみさんは自分が好きになる男性（＝若林）のことを、〈特別カッコイイわけじゃない〉と言っていますし、自分の理想が高いとは〈まったく思っていません〉と断言しています。

こういった言葉からは、若林に対するリスペクトが伝わってきません。ひょっとすると「わたし謙虚じゃない？」くらいに思っている可能性もある。若林のことをちょっとナメてると言ってもいいでしょう。

我々は、あゆみさんの恋愛が今ひとつうまくいかない理由に、この「好きになる男性（＝若林）に対するリスペクトの欠如」が大きく関係しているのではないかと見ています。

例えば、もしあゆみさんがリスペクトを欠いたまま若林とデートに行ったらどうなるでしょうか。男性の序列を「見た目のカッコ良さ」で決めているあゆみさんにとって、若林の持つ魅力や価値は珍重すべきものではありません。すると、若林と過ごす時間の価値も、あゆみさんの中で不当に低く見積もられることになります。価値の低い時間を過ごすことは、あゆみさん自身にとってそれほど楽しいことではないでしょう。

そうなると、それは相手にとっても楽しい時間ではなくなるはずです。若林からしたら、好意を寄せてくる割には自分への扱いが雑で、そのうえ本人も楽しくなさそうということで、「そもそもこの人はなぜ俺と一緒にいるんだろうか……」と不審に感じるかもしれません。そして、自分がちょっと下に見られていることを勘の鋭い若林ならば敏感に察知するはずです。

もちろん、このデートの話は我々の想像にすぎません。しかし、相手の価値を低く見積もるとその人と過ごす時間の価値もそれに応じて低くなるということは、押さえておくべきポイントではないかと思います。

あゆみさんの場合、本当はおもしろい人が好きなのに、「男の序列は見た目のカッコ良さで決まる」という価値観を持っているため、「自分は高望みをしているわけじゃない」という意識が生まれ、それが若林へのリスペクトの欠如につながっています。リスペクトの欠如は、どうしたって相手に伝わるものです。

つまるところ、あゆみさんにとって大切なのは理想の相手を諦めることや妥協することなどではなく、好きになった相手に対するリスペクトの気持ちを持つことではないかと思われます。

リスペクトがないとハマる悪循環

相手に対するリスペクトがない状態では、次のような悪循環が生まれます。

あゆみさんが若林の価値を低く見積もる

←

そんな若林と一緒に時間を過ごしても、あゆみさんは楽しくない

←

自分を正当に評価してくれない相手といるのは若林も楽しくない

若林が楽しくないとあゆみさん自身はもっと楽しくない

↓

ますます若林の価値を低く見積もる

↓

このサイクルから抜け出すためには、まず若林の魅力をきちんと意識化する必要があります。これは難しいことではありません。そもそもあゆみさんは若林のことが好きなのですから、その理由を改めて思い起こせばいいのです。紙に書き出してみるのもいいかもしれません。

そこで出てくる魅力が「見た目のカッコ良さ」ではないであろうことは、理想のタイプとしてバカリズムやヒャダインの名前も挙げていることから明らかです。彼らに共通するのは、例えば、

・頭の回転が速くておもしろい

・シニカルでちょっと意地の悪いところがある

・文化的な香りがする

・かわいらしさがある
・実は男性的な色気もある

といった魅力や能力でしょう。実際にはそれ以外の理由があるのかもしれませんが、ここで大切なのは、あゆみさんの中での「絶対評価」を自分自身が認めてあげることです。モテる／モテないといった「相対評価」は、若林と一対一で向き合う現場においてはなんの関係もない評価なので、ここでは無視すべきでしょう。

〝恋のエコサイクル〟を回せ！

それを踏まえると、若林と具体的にどういったシチュエーションで会えばいいかが見えてきます。ポイントは、先ほど挙げた「若林の魅力」が最大限に発揮されるシチュエーションを設定することです。

好きな異性をデートに誘う場合、アピールしたい気持ちが強く出るため、人はつい「自分のいいところ」が相手に伝わるようなシチュエーションを設定しがちですが、それを逆転させて、「相手のいいところ」が自分に伝わるような場面を設定する。そうすると、次のような好循環が生じます。

若林は自分の得意なシチュエーションなので楽しい

↓

あゆみさんは若林のいいところを浴びるように享受できるので楽しい

↓

若林はあゆみさんから関心を向けられて気分も上がる

↓

楽しそうにしているあゆみさんを見て若林はより楽しくなる

↓

若林がより楽しいとあゆみさんはもっと楽しくなる

ここに見られる持続可能な循環を、桃山商事では〝恋のエコサイクル〟と呼んでいます。このサイクルが回りはじめると、相手の魅力が際立って見えてくるため、リスペクトの気持ちも自然にわいてきます。

ちなみに、我々自身もこのエコサイクルを回した経験があります。例えば、清田はかつて相撲好きの女性に片想いをしていました。それまで相撲に1ミリも興味を持ったことがなかったにも関わらず、清田は持ち前のリサーチ力を活かし、両国国技館で「相撲体操」なるものが行われているという情報をキャッチして、彼女を誘って参加することにしました（相撲体操は早朝に力士と一緒に体を動かす相撲版ラジオ体操のようなイベントです）。森田は当時、それを聞いて「デートで相撲体操はねえだろ」とあきれたものですが、清田は自分のいいところやカッコ良いところはアピールできないであろう彼女のフィールドへ果敢に飛び込んだのです。

結果的にその恋愛は成就して、ふたりは結婚するに至りました。当時の清田にその自覚はありませんでしたが、今思えば両国国技館で〝恋のエコサイクル〟を回していたのだと思われます。

好きなのになぜか下に見てしまう

今回は、相談文から読み取れるあゆみさんの序列を表現するという、ちょっと意地悪な分析から回答をはじめました。その中であゆみさんの考え方を責めるようなトーンが出てしまったことに対して、心苦しく感じています。ただ、「なぜ若林へのリスペクトが欠如しているのか」を明確にするためには、どうしても序列に見られるねじれを指摘する必要がありました。

あゆみさんのように、好きになった相手の魅力を認識し損ない、好きなのにどこか下に見てしまうということは、決して珍しいことではないように思います。これはナチュラルに行われるため、なかなか自分では気づきにくいという特徴があります。

そして現実には、女性よりもむしろ、我々男性にこの傾向が強いのではないかと感じています。なぜなら、男性は相手の魅力を言語化するのが苦手な傾向にあるため、「自分は彼女のどこが好きなのか」や「自分は彼女のことをなぜ好きなのか」といったことをハッキリ認識する機会が少ないからです。

実際、デートをしたり付き合ったりしたはいいものの、相手の男性が自分のどこに魅力を感じているかわからず、そのため人として尊重されている気がしないといった悩みやぼやきを女性から聞く機会は少なくありません。

実はこれは、第2章の84ページ「もういっそ、不倫かセフレが一番ラクかも…?」というテーマで考えたこととも通じるお悩みです。「相手の魅力が最大限発揮されるようなシチュエーションを設定する」という〝恋のエコサイクル〟は、その際に提案した〝新しい三角関係〟を反転させたものです。お悩みや状況に合わせてご活用いただければ幸いです。

「過去の美化」や「思い出補正」のメカニズムを考える

元カレが忘れられない…次に進むためにはどうすれば？

お悩み

いい人が現れても、つい昔の恋人と比べてしまいます

2年前に別れた元カレのことが忘れられません。いまだに週に3回も夢に出てきます。

好みだと思える人が現れても、元カレと比べてしまい、なんとなく好きになりきれません。あんなに優しくて楽しい人は他にいないと思ってしまうのです。そのせ

いで、2年間彼氏がいません。

忘れられないことは仕方ないと思っています。ただ、そのせいで新しい恋ができないというのが悩みです。ちなみに、こっぴどいフラれ方をしたので、復縁の望みはゼロです。


（30歳・奈美）


奈美さんは元カレが忘れられないことに悩んでいます。〈復縁の望みはゼロ〉だと言うものの、いい出会いがあってもつい元カレと比較してしまい、新しい恋ができないでいる……。これが奈美さんの現在地です。

相談文にある〈いまだに週に3回も夢に出てきます〉という言葉を読んで、清田の脳内にはかつての失恋体験がよみがえりました。というのも、清田は6年間付き合って別れた元カノを引きずり、奈美さんと同じようにまさに週3で夢を見続けていた時期があるからです。当時、「昨夜も彼女が夢に出てきて……」という夢報告を頻繁に聞かされていた森田は、清田のことを〝週3ドリーマー〟と呼んでいました。

そんな清田も今では新しい恋を成就させ、幸せな結婚生活を送っています。そこで今回は清田がいかにして〝週3ドリーマー〟の状態から抜け出し、次の恋に向かうことができたのか、その経験を紹介しながら奈美さんのお悩みに回答していきたいと思います。

〈元カレ〉とは「誰」なのか

まず考えてみたいのは、奈美さんの頭の中にいる〈元カレ〉のことです。あえて「頭の中」と書いたのは、〈こっぴどいフラれ方をした〉という彼との関係は、おそらく2年前のその時点で止まっており、奈美さんは「今」の彼のことを知らないはずだからです。したがって、奈美さんが忘れられない〈元カレ〉は現実の彼とは別の存在です。

一方で、奈美さんには奈美さんの2年間があったのですから、2年前と「今」とでは、自分自身にも何かしらの変化があるはずです。だから「今」の奈美さんの頭の中にいる〈元カレ〉は、付き合っていた頃の彼とも異なる存在と言えるでしょう。このように考えていくと、〈元カレ〉は「奈美さんの脳内で作られたオリジナルの存在」であることが見えてきます。

次に考えたいのは、奈美さんがオリジナルな〈元カレ〉をどのように作ってきたのか、ということです。まず押さえておくべきは、その制作権のすべてを奈美さんが握っている点です。しかたがって奈美さんは、自分のことをこっぴどく振った〈元カレ〉を、付き合っていたときの彼よりも悪人にすることもできたはずです。

しかし、〈あんなに優しくて楽しい人は他にいないと思ってしまう〉と書いているように、実際には〈元カレ〉を理想的でポジティブな方向で制作してきたのでしょう。ただしこれは、奈美さんが意識的にそのような作業を行ってきたという意味ではありません。そもそも、奈美さんの実感としては「制作してきた」というより「彼のことや彼との時間をただ思い出してきた」という感じではないかと思われます。

つまり〈元カレ〉の制作は、より正確には〝記憶の再構成（＝編集）〟に近い作業だと言えます。

〝週3ドリーマー〟だった頃の清田も、別れた恋人を知らない間に理想的な元カノに作り上げていました。実際に付き合っていたときは趣味や価値観が合わない部分も多く、うんざりする出来事も度々あったのに、そういう「見たくない部分の記憶」は脳内編集によって知らない内にカットされ、「見たい部分の記憶」だけをつなぎ合わせた理想の元カノができあがっていったのです（もちろん、これは後になって振り返ってはじめて気づいたことですが……）。奈美さんの場合にも似たところがあるのではないでしょうか。

過去の記憶は、基本的に時間が経つほど薄れていくものです。しかし脳内編集が繰り返されると、忘れるどころかむしろ「更新」されていくことになります。それはまるで、かつて流行った「たまごっち」という育成ゲームのようなものであり、奈美さんはいわば〝元カレっ

脳内で育成した“元カレっち”

ち〟を育ててきたわけです（清田の場合は〝元カノっち〟です）。これは推しのアイドルにもどこか似ています。〝元カレっち〟は奈美さんが2年もかけて大切に育ててきたものなので、愛おしくないわけがありません。

ともあれ、奈美さんが新しく出会う男性たちと比較しているのは、元カレではなく〝元カレっち〟だということが、ここで押さえておきたいポイントです。

〝元カレっち〟という障害

次に、〝元カレっち〟と比較される男性たちのことを考えてみたいと思います。相談文には〈（忘れられない）そのせいで新しい恋ができない〉という表現があります。つまり奈美さんは「元カレを超える男性が現れないから彼氏ができない」と考えているようです。

頭の中にいる〝元カレっち〟とは異なり、新しく出会う男性たちは生身の人間です。彼らとは実際にコミュニケーションを取り、その行動や表情を見るわけですから、「見たくない部分」も自然と見えてきます。がっかりするような言動や、あんまりカッコ良くない表情を目にすることもあるでしょう。その男性がいくら〈好みだと思える人〉だとしても、「見たい部分」だけで構成された〝元カレっち〟と比べるとどうしても分が悪いわけです。

清田にも、件の彼女とお別れしてしばらくしてからデートする関係になった女性がいたのですが、「この人も魅力的だけど、彼女のほうがやっぱりドキドキしたかも」「仕事の話をするにはこの人のほうが深まるけど、くだらない話で笑い合えるのは彼女だったな」「この人とは価値観は合うけど、友だちの期間も長かった彼女のほうが一緒にいて楽かも」など、事あるごとに〝元カノっち〟と比較をしてしまってどうしても乗り気になれず、結局その女性との関係を進展させることはできませんでした。

清田のこの体験を振り返ってみると、比較は二重の意味で新しい恋愛の障害になっていたことがわかります。比較によって、新しく出会った女性の魅力を捉え損ねただけでなく、「やっぱり彼女以上の女性はいない」と、〝元カノっち〟の魅力を自分でどんどんつり上げていたのです。

つまり、新しい恋愛に目を向けようとすればするほど新しい恋愛が遠ざかっていく……。清田はこのような構造に陥っていたと言えます。

奈美さんがこれと同じ状態にあるかはわかりません。しかし、〈なんとなく好きになりきれません〉というその原因は、少なくとも相手男性の魅力不足だけではないはずです。

自分だけで思い出せることには限界がある

では、この構造からどうすれば脱却できるのでしょうか。これまで挙げてきたポイントを考えると、例えば、

- **比較することをやめる**
- **元カレを超える男性との出会いを探し求める**

といった解決策が考えられます。

しかし、比較をやめようと思ってやめられるなら苦労しません。また、出会いを探し求めても、そのような男性がいつ現れるかわからないうえ、前述の通り〝元カレっち〟と比較さ

れてしまうとどんな魅力的な男性でも分が悪いわけです。したがって、これらは有効な解決策にはならないと思われます。

となると、今一度〝元カレっち〟について見直すしかないのではないか……というのが我々の考えです。〝元カレっち〟は、記憶だけを素材に作り上げたオリジナルの存在なので、そんな〝元カレっち〟を見直すためには、脳内編集で知らぬ間にカットしていた部分を思い出す作業が必要になってきます。

そこでオススメしたいのが、「他者の恋バナを浴びるように聞く」というアクションです。いくら自分の記憶とはいえ、自分だけで考えても思い出せることには限界があります。特に、思い出したくないことや考えたくないことに関しては、すでに記憶の地層の最下部に埋まっているはずです。ましてや奈美さんの場合は別れから2年も経っているわけで、地表にある理想的な記憶の層が極厚になっており、下まで掘り進んでいくのはなかなか難しい作業だと考えられます。

そこで、他者の力を借ります。具体的に言うと、友人や家族、仕事仲間やネット上の知り合いなど、様々な人の恋バナを聞くということです。また、恋愛が描かれた本や映画や音楽も、自分とは異なる経験が描かれているという意味で「他者」と言えます。そのようにして、「他者の恋バナ」を浴びるように聞く。これを、1000人以上の恋バナを聞いてきた我々とし

恋バナの意外な効能

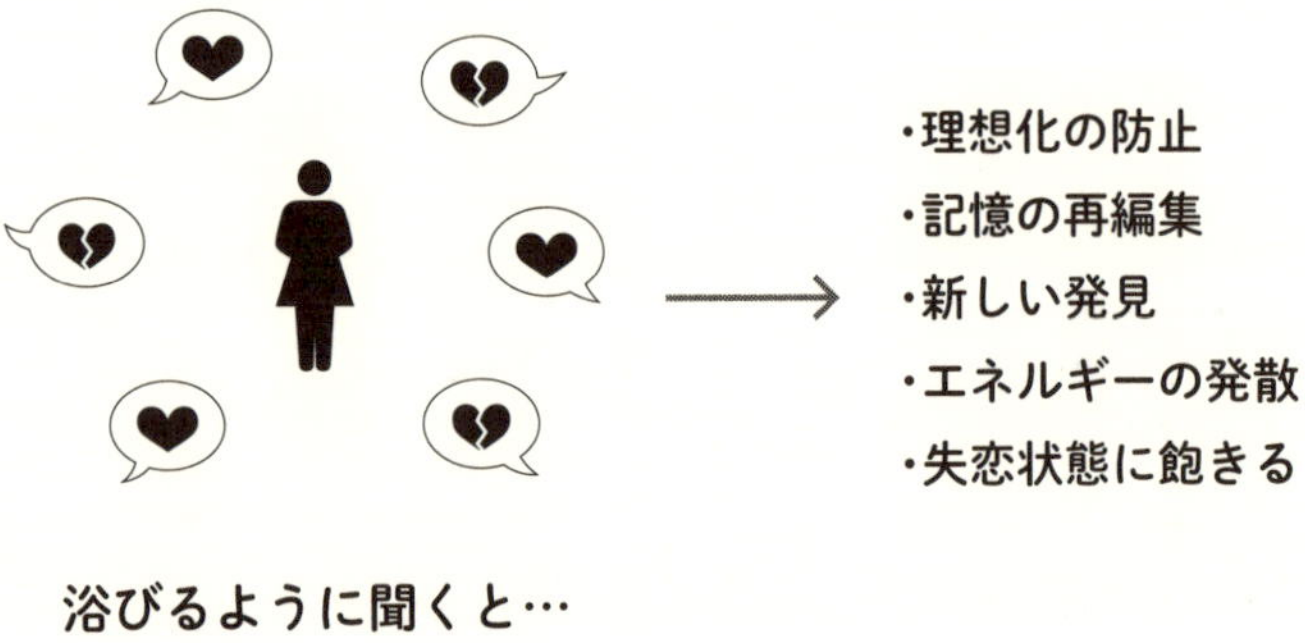

ては推奨したいわけです。

どんな恋バナにも「その人に特有の部分」と「他の人にも当てはまる普遍的な部分」があります。今回の場合、ポイントとなるのは後者の普遍的な部分です。

他者の恋バナを聞いていると、自分の気持ちを代弁してくれる言葉や、自分が置かれた状況を理解するための言葉が見つかったり、「あの人との恋愛にもそういうことがあったな」「私の場合はちょっと違ったな」と、それまで一度も思い出さなかったような出来事が頭に浮かんだり、自分の考えや解釈がふいに修正されたりといったことが起こります。

奈美さんの〝元カレっち〟が〈あんなに優しくて楽しい人は他にいない〉と感じられることは否定しようのない事実です。

しかしそれでも、他者の恋バナを浴びるように聞くことで、「彼にはこういう一面があったな」とか、「そう言えばあのとき私もこんなことを感じていたな」といった忘れていた気持ちが、地層の最下部から実感として掘り出されてくるのではないかと思います。おそらくそれが、変化のきっかけになるはずです。

〝週3ドリーマー〟の終焉《しゅうえん》

清田の場合、失恋ホストの活動が図らずもそのような場として機能しました。例えば、結婚と向き合おうとしない彼氏に悩む女性の話を聞いたときは、「自分も結婚について考えることから逃げてたな……」という当時の感覚がよみがえりました。また、恋人の両親が苦手だと悩む女性の話を聞いたときは、「なんでも姉や母親に相談する彼女がちょっとイヤだったな……」ということを思い出しました。

こうしたプロセスを経る中で、清田の〝元カノっち〟は理想ではなく現実に近い存在になっていきました。そして最終的には「悲しい出来事ではあったけど、自分と彼女はどう転んでも別れることになっていただろう」という気持ちに行き着き、あれだけ頻繁に見ていた夢もいつの間にか見なくなっていたのです。清田にとっては、失恋ホストが「今一度〝元カノっち〟について見直す」という作業だったのだと思います。

奈美さんが失恋ホストと同じことをするのは難しいとは思いますが、友だちと恋バナをしたり、リアリティのある恋愛模様を描いた作品に触れたり（代表的なところでは、映画『ブルーバレンタイン』や『ｈｅｒ』など）、古今東西の失恋ソングを聴きまくったりしてみることで、「他者の恋バナを浴びるように聞く」ことができるはずです（手前味噌で恐縮ですが、桃山商事のポッドキャスト番組『二軍ラジオ』もオススメです……）。

〝元カレっち〟との付き合い方

最後に補足しておきたいのが、他の男性との過剰な比較さえしなければ、〝元カレっち〟そのものは決して悪いものではなく、日常にちょっとした彩りやトキメキをもたらしてくれる存在にもなり得るということです。

我々の古くからの友人の女性は、夫と子どもが寝た後に、深夜のリビングでお酒を飲みながら元カレたちのＳＮＳをパトロールすることを趣味にしています。夫や今の生活に不満があるわけではなく、また、実際に元カレたちと連絡を取ることもしないのですが、のぞき見によって微量のエロい気持ちがわいてきて、元気になれるのだそうです。おそらく彼女は、複数の〝元カレっち〟を自分にとってちょうどよい塩梅で育成できているのだと思います。

奈美さんも、無理に〝元カレっち〟を悪者に仕立て上げる必要も忘れようとする必要もありません。大切なことは、〝元カレっち〟は現実の元カレとは異なる存在であることや、現実の男性たちとはまったく異なる次元にいることを冷静に認識して、比較を慎重に避けることだと思います。

そのためにもぜひ、他者の恋バナにまみれながら、自分なりに元カレとの恋愛を振り返ってみてください。その過程でちょうどよい〝元カレっち〟との付き合い方も見つかるはずですし、そのときには、自然と次の恋愛に向かうこともできるのではないかと思います。

どうしてズバッと言わないんですか？

——時間をかけて相手の悩みを読解していくのが桃山商事のスタイルですが、ときにはズバッと言いたくなったりしませんか？

清田　切れ味鋭い回答がもてはやされたりしますもんね……。恋愛相談を受けていて、確かにズバッと言いたくなる瞬間もあります。でも、それはあまり効果的でないというか、むしろ危険な行為だとすら考えていて、かなり意識的に抑えています。

——それはどういうことですか？

森田　ズバッと言うのはいかにも痛快ですが、見方を変えれば、それって自分の解釈を押しつけたり、相手の話を勝手に要約したり、一方的に断罪したりする行為でもあると思うんです。そしてその裏には、「相手をコントロールしたい」「マウンティングしたい」「すごいって思われたい」といった欲望があるのでは、というのが我々の考えで。

清田　持論を展開したり、相手に影響を与えたり、相手を思い通りに動かしたりするのって、端的に言えば〝快楽〟ではないかと思うんです。だとすると、それは本当に「相手のため」なのか……。そういう疑いがあるので、ズバッと言いたくなる気持ちとはなるべく距離を取ろうと心がけている。

森田　例えば「セックスしたらLINEの返事が来なくなった」という話に「そのパターンは諦めたほうがいい」とアドバイスをする。あるいは、「ネットで知り合った彼氏が実は既婚者だった」という話に「そんなことだと

自分の解釈を押しつけたり、
相手の話を勝手に要約したり。
その裏には「マウンティングしたい」欲望がある。

思ってた。別れなよ」と答える。相談を受ける側ってそういうことを言いがちだと思うんですが、そもそも本人からしたら「そんなことわかってるよ、それができないから悩んでるんだよ！」って話ですよね。本人の葛藤を完全に無視している。

清田　でも、相談者さんには「話を聞いてもらってる」という申し訳なさのような気持ちがあるから、つい「そうですよね」って同意しちゃったりするんだよね……。

森田　そうなると、相談者さんも思ったことがどんどん言えなくなっていき、悩みを読解するためのヒントも得られない。

――それは悪循環ですね。

清田　だから重要なのは、「ここはざっくばらんに話ができる場です」という空気感を醸成することだと考えてます。それは単に「なんでも話してください」と伝えれば実現することではないので、相手のペースを尊重し、相手の話を否定せず、こちらも自己開示しながら信頼関係を構築していく――。手前味噌だけど、それが我々の特長だと自負しております（笑）。

森田　ズバッと答えを出さなくても、多くの相談者さんは元気になって帰っていくんですよ。後日「スッキリしました」「いろいろ腑に落ちました」とうれしいメールをくれたりもする。これは我々が悩みを解決したのではなく、「自分が感じてたのはこういうことだったんだ」と、我々との対話を通じて自身が納得したってことなんだと思う。

清田　そうだね。たとえ状況は変わっていなくても、自分が何に悩んでいたのかがクリアになれば、実は悩みごとって9割くらいは解決しちゃうような気がしています。

本書は、「日経ウーマンオンライン」にて連載された「恋愛における男ゴコロ談義」（2013年9月13日～2015年3月13日）、「恋愛ビブリオセラピー」（2015年5月22日～2016年6月29日）、「で、私の彼氏はどこにいるの？」（2016年7月20日～連載中）の一部を加筆修正し、書き下ろしを加えたうえで、再構成しました。

あとがき　丸腰で向き合うこと

森田雄飛

我々は相談業を生業としているわけではありません。清田はフリーランスのライターで、森田は一般企業に勤める会社員です。ふたりとも相談を受ける側としての訓練を積んだことはないし、専門知識もない。もちろんカウンセラーの資格も持っていません。

言うなれば、我々は丸腰です。

それでも、藁《わら》にもすがるような気持ちで相談に来てくれる女性がいます。中には生活に支障をきたすほど悩んでいる方もいらっしゃいます。そんな彼女たちを前に、丸腰の我々ができることは極めてシンプルです。

じっくり話を聞く。聞いた話を一緒に整理していく。

本当にそれだけのことしかできないのですが、整理していく過程で相談者さんが「わたしの悩んでいることはこれだったんだ」と納得するためには、話の筋がきちんと通っている必要があります。もしもそこに飛躍やごまかしがあれば、相談者さんは首をかしげて不安そうな表情を浮かべます。逆に積み上げていった理屈の先で何かを掴めたときには、ぱっと晴れた明るい顔になる……たぶん彼女がさまよっていた悩みの世界は濃い霧の中で、そこからいきなり視界が開けるような爽快感があるのだと思います。

前述のとおり、我々には何か特殊な技術や知識があるわけではないので、視界が開けるその場所がどこなのかを事前に把握することはできません。たどり着くためには、相談者さんと一緒に、一歩一歩確かめながら前進していくしかないのです。

だから相談者さんの視界が開ける瞬間は我々の視界が開ける瞬間でもあります。

この本に掲載されている回答もまた、恋愛相談の現場とほとんど同じプロセスで作り上げてきました。ただ、相談文は首をかしげてくれないので、実際に相談者さんと対面したときとは別の難しさと緊張感があったのも事実です。五里霧中で立ちすくむ我々の背中を押してくれたのは、この本のもとになった連載を読んで失恋ホストに来てくれた何人もの女性の存在や、連載を読んでモヤモヤが晴れたと丁寧なメールを送ってくださった方たちの励ましの言葉でした。

恋愛のことで悩み苦しんでいる女性の視界が、本書によって少しでも明るくなれば、これほどうれしいことはありません。

あとがき　悩み相談が苦手な人のために

清田隆之

誰かに思いっきり恋愛の悩みを打ち明けてみたい——。そんな気持ちになることがよくあります。こんな活動をしていながら、私は人に悩みを相談するのが苦手です。気が小さいせいか、「時間を取らせてしまって申し訳ない」と恐縮してしまうし、自分に自信がないせいか、「どうせ俺の悩みなんて取るに足らないものだ」という思いがつきまといます。また、「わかりやすく伝えねば」と思うあまり、感情を未整理のまま吐露することができないし、何かアドバイスを受けようものなら、たとえ違和感や抵抗感があっても「なるほど、確かに！」と相手に気を遣って納得したポーズをつい取ってしまいます。悩みを相談するのは本当に難しい行為だと感じます。これは相手が自分をよく知る人であればあるほどです。

だから私は、ここに寄せられた悩みに対しても、普段の失恋ホストの活動においても、「自分だったらこんな風に聞いてもらいたいな」と思う姿勢で臨むことを心がけています。いや……なんだかいかにもいい奴ぶってるように聞こえますが、要するに私は、「俺の話をさえぎらず、否定せず、勝手にわかった気にならず、いったん最後まで興味を持って聞いてくれ！」「そんでもって、今現在の俺が何にどう悩んでいるのか、フラットな視点で一緒に考えてくれ！」「アドバイスという名の持論演説はいったんナシで！」「お前の話を聞くときは俺もそう心がけるから！」などと考えているわけです。

ここまで書いて、単に自分がワガママで自己開示のできない人間というだけの

してきましたが……そんな風にみんなが互いの話に耳を傾け合える世界になったらいいなと、わりと本気で望んでいます。それが厳しい人生を生き抜くための鍵になるような気がしています。だからこれは、悩み相談が苦手な人や、相談に乗る機会が多い人のために書いた本でもあります。本書は恋愛がテーマですが、個人的には「人の話を聞く」という、このシンプルな行為について考え直すきっかけにもなったらいいなと、願ってやみません。

最後になりましたが、いつもユニークな視点で我々に刺激を与え、連載を支えてくれる「日経ウーマンオンライン」編集部の梶塚美帆さん、および旧担当の大谷珠代さんと加藤京子さん。書籍化にあたり、何かと時間のかかる我々を辛抱強く見守ってくれた担当編集の圓尾公佑さん。この本を彩ってくれたデザイナーの草刈睦子さんとイラストレーターの高橋由季さん。『逃げ恥』ファンの我々に素敵な帯文を寄せてくださった海野つなみ先生。桃山商事の黎明期からともに活動してきた佐藤俊さん。いつも的確な助言をくれる森田千恵さんと小南志織さん。そして、これまで貴重な恋バナを聞かせてくれたすべての方々。本書が生まれたのはみなさんのおかげです。本当にありがとうございました！

生《い》き抜《ぬ》くための恋《れん》愛《あい》相《そう》談《だん》

2017年9月10日　初版第1刷発行

著者　桃《もも》山《やま》商《しょう》事《じ》

イラストレーション　高橋由季
ブックデザイン　アルビレオ
DTP　臼田彩穂
編集　圓尾公佑

発行人　北畠夏影
発行所　株式会社イースト・プレス
東京都千代田区神田神保町2-4-7久月神田ビル
TEL 03-5213-4700　FAX 03-5213-4701
http://www.eastpress.co.jp/

印刷所　中央精版印刷株式会社

ISBN978-4-7816-1568-4